Starke FRAUEN AUS ÖSTERREICH

Wartberg Verlag

Bildnachweis

Umschlag:
Vorderseite (von links oben nach rechts unten):
MGM/Clarence Bull [Public domain]; picture-alliance/APA/picturedesk.com; picture-alliance/Becker&Bredel; © Dominik Kiss; Archiv der Max-Planck-Gesellschaft, Berlin-Dahlem; picture-alliance/© dpa – Report; picture-alliance/APA/picturedesk.com;
Rückseite: Ronald Putzker.

Innenteil:
S. 7: Franz Seraph Hanfstaengl [Public domain]; S. 9, 16, 29, 30, 32, 33: Public Domain; S. 12, 13: Archiv der Max-Planck-Gesellschaft, Berlin-Dahlem; S. 15: Universal Public Domain Dedication; S. 19: 35, 41, 44, 72, 76: picture-alliance/APA/picturedesk.com; S. 22: ullstein bild – Heritage Images/Fine Art Images; S. 25, 48, 49, 51: ullstein bild – Imagno; S. 27, 47, 64, 66: picture-alliance/Imagno; S. 28: ullstein bild – Süddeutsche Zeitung Photo / Scherl; S. 37, 82: Manfred Werner – Tsui [CC BY-SA 3.0 (https://creativecommons.org/licenses/by-sa/3.0)]; S. 38: ullstein bild – Imagno/Votava; S. 52: picture-alliance/Keystone; S. 55: ullstein bild – ullstein bild; S. 57: Photo Crafts Shop of Denver [Public domain]; S. 60: picture-alliance; S. 68: MGM/Clarence Bull [Public domain]; S. 69: ullstein bild – glasshouse images; S. 79: picture-alliance/©dpa – Fotoreport; S. 81: picture alliance/Carlotta Erler; S. 86: picture-alliance/©dpa – Report; S. 87: © Dominik Kiss; S. 89: © Agentur Diener; S. 90, 91: © Ralf Dujmovits; S. 93, 94: ©HBF/Lechner.

1. Auflage 2019

Gestaltung und Satz: r2 • www.ravenstein2.de
Druck: Druck- und Verlagshaus Thiele & Schwarz GmbH, Kassel
Buchbinderische Verarbeitung: Buchbinderei S. R. Büge, Celle

34281 Gudensberg-Gleichen • Im Wiesental 1
Telefon: 056 03/9 30 50 • www.wartberg-verlag.de
ISBN 978-3-8313-2732-4

INHALT

VORWORT

Dass es in Österreichs Geschichte unzählige starke Frauen gegeben hat, war mir von Anfang an klar. Von der Fülle an einfallsreichen, mutigen, beharrlichen, klugen Frauen, auf die ich bei meinen Recherchen gestoßen bin, war ich allerdings überwältigt.

Bei manchen musste man nur ein bisschen an der Oberfläche der Geschichtsschreibung kratzen, andere waren tiefer, zwischen den Zeilen, hinter dem offiziellen Schein verborgen.

Ich danke den vielen ForscherInnen, AutorInnen und JournalistInnen, die sich in den letzten Jahrzehnten verstärkt die Mühe gemacht haben, jene Frauen ins Licht zu holen, die Österreich, wie es heute ist, so stark mitgeprägt haben. Es sind nicht immer die Berühmtheiten, die etwas bewirken, es kommt auf die „kleinen Taten" ebenso an wie auf große Pionierleistungen: sich in eine „männliche" Disziplin wie die Mathematik zu verlieben und diese weiterzuentwickeln wie Olga Taussky-Todd; Jugendliche unermüdlich vor den Gefahren des Faschismus zu warnen wie Rosa Jochmann; Menschen in ihren tiefsten Sehnsüchten ernst zu nehmen wie Elizabeth T. Spira; oder als erste Frau der Welt die Verantwortung für eine Notenbank zu übernehmen wie Maria Schaumayer.

Die Liste der Frauen, über die ich aus Platzmangel nicht schreiben konnte, ist um vieles länger als das Inhaltsverzeichnis. Hier habe ich meine ganz persönliche Auswahl getroffen. Viel Vergnügen damit und hoffentlich viele neue Erkenntnisse über die starken Frauen aus Österreich!

CAROLINE KLIMA

DIE FORSCHERINNEN

Starke FRAUEN AUS ÖSTERREICH

IDA PFEIFFER

(1797–1858)

SPÄTBERUFENE WELTREISENDE

Ida Pfeiffer bereiste als Frau und allein völlig unerforschte Weltgegenden zu einer Zeit, als Frauen hier noch nicht einmal ein Gymnasium besuchen durften, und brachte Europa zum Staunen.

Ida Laura Reyer war die Tochter eines Baumwollfabrikanten, der ihr die gleiche strenge Erziehung wie seinen fünf Söhnen zuteil werden ließ – was Idas Wesen sehr entgegenkam. Sie war wild, beherzt und genügsam und teilweise vorwitziger als ihre Brüder. Schon damals las sie gerne Reiseberichte und träumte davon, ferne Länder zu bereisen. Alois Reyer verstarb, als Ida gerade mal neun Jahre alt war. Idas Mutter kehrte daraufhin die Erziehungsziele in ihr Gegenteil um: Auf dem Lehrplan standen nun „typisch weibliche" Fächer wie Lyrik, Handarbeiten, Tanzen, die Ida hasste. Als sich der junge Freigeist auch noch in den Hauslehrer verliebte, wurde dieser des Hauses verwiesen: Er erschien der Mutter und dem eigens hinzugezogenen Pfarrer nicht als angemessene Partie.

1820 heiratete Ida den doppelt so alten Advokaten Anton Pfeiffer aus Lemberg – vielleicht, weil sie sich in ihr Schicksal gefügt hatte, vielleicht, um der mütterlichen Entscheidungsgewalt zu entkommen – und bekam zwei Söhne, doch die Ehe war alles andere als liebevoll. Pfeiffer wollte Idas Mitgift benutzen, um seine schlecht laufende Anwaltskanzlei zu sanieren, scheiterte jedoch. Obwohl Ida insgeheim mit Unterricht für ein Familieneinkommen sorgte (es war für eine bürgerliche Frau eine Schande zu arbeiten), konnte sie den beiden Söhnen bisweilen nur trockenes Brot zu Mittag vorsetzen. Als Anton Pfeiffer auf der Suche nach Geschäften wieder einmal nach Lemberg fuhr, beschloss Ida, mit den halbwüchsigen Söhnen in Wien zu bleiben und die zwei alleine großzuziehen.

Das Schicksal wendete sich, als Ida bei ihrem Onkel in Triest zum ersten Mal das Meer sah. Sie wurde von einer „kaum zu bewältigenden Reiselust" erfasst, die sie fortan nicht mehr loslassen sollte. Sie wartete ab, bis ihre Söhne erwachsen waren, und erst 1842, im Alter von 45 Jahren, ging Ida Pfeiffer an Bord des Dampfschiffes „Marianne": Eine Pilgerreise ins Heilige Land diente ihr als Vorwand, um als Frau allein die Donau bis zum Schwarzen Meer abwärts zu fahren, an der Schwarzmeerküste entlang nach Konstantinopel, von dort an der Küste Kleinasiens über Zypern nach Beirut und nach Palästina zu reisen. Dort schiffte sie sich nach Ägypten ein. Sie besichtigte die damals noch bis zum Hals im Sand vergrabene Sphinx, bestieg die Cheops-Pyramide und bewunderte die grandiose Aussicht.

Erst nach einem Ritt durch die Wüste nach Suez bestieg sie ein Schiff, das sie über Malta, Neapel und Rom wohlbehalten nach Hause zurückbrachte – neun Monate nach ihrem Aufbruch. In ihrem Gepäck hatte sie einen noch ungeahnten Schatz: ihre Reisetagebücher, in denen sie diszipliniert jeden Abend die Erlebnisse des Tages festhielt.

Ida Pfeiffer (1856), kurz nach ihrer Rückkehr aus Madagaskar

Diese Notizen dienten ihr als Grundlage, als sie der Wiener Verleger Jakob Dirnböck überredete, daraus ein Buch zu machen. Reiseliteratur war zu dieser Zeit überaus beliebt, doch galt nicht nur das Reisen für alleinstehende Frauen als unschicklich, sondern auch das Schreiben darüber. „Reise einer Wienerin in das Heilige Land" erschien daher zunächst anonym und auch erst, nachdem der Ehemann und die Brüder ihre Zustimmung erteilt und Passagen gestrichen hatten. Es wurde binnen kürzester Zeit mehrmals nachgedruckt und in sieben Sprachen übersetzt, doch erst ab der vierten Auflage setzte sich Ida über das gängige Vorurteil hinweg und ihren Namen unter den Bericht.

Ihr ständiger Begleiter blieb der Geldmangel: Um mit ihrem knappen Budget möglichst weit zu kommen, reiste sie äußerst bescheiden: Mit der Eisenbahn fuhr sie dritter Klasse, auf einfachen Schiffen teilte sie sich das Deck mit unzähligen Mitreisenden, dicht an dicht gedrängt „wie die Bücklinge". Sie lernte reiten, fuhr auf Eselfuhrwerken mit und bewältigte so manche Strecke auch zu Fuß. Sie schlief in einfachen Herbergen, in Zelten und auch unter freiem Himmel, aß die ungewohnten, aber preisgünstigen Speisen der Einheimischen. Daher sind ihre Reisebücher auch überaus authentisch, realistisch und lebendig und bis heute eine spannende Lektüre. Um noch mehr Geld für ihre Reisen zu verdienen, erlernte sie das Präparieren und brachte zahlreiche „Naturalien" aus aller Welt mit, die sie an Museen verkaufte. Ein Teil ihrer Sammlung wird heute im Naturhistorischen Museum in Wien verwahrt.

Nach einem „Abstecher" in den Norden Europas reiste Ida Pfeiffer 1846 bis 1848 zum ersten Mal um die Welt: Innerhalb von zehn Wochen erreichte sie mit einem Segelschiff – ein Dampfschiff konnte sie sich nicht leisten – Rio de Janeiro. Brasilien erlebte sie als ein Land der Gegensätze, wo sie die Luxusvillen der reichen Oberschicht ebenso besichtigte wie die armseligen Häuser der Bevölkerung und die Hütten der Indianer im Urwald. Bei einem Überfall konnte sie den Angreifer in die Flucht schlagen – den dabei abgebrochenen Griff ihres Schirms behielt sie Zeit ihres Lebens als Glücksbringer bei sich. Sie umrundete Kap Hoorn und fuhr über den Pazifik nach Tahiti, wo sie die Ungerechtigkeiten der Kolonialmächte gegenüber den Ureinwohnern verurteilte. In China war sie entsetzt von dem Brauch, jungen Mädchen und Frauen die Füße abzubinden. Über Ceylon gelangte Pfeiffer nach Indien, das sie auf dem Landweg durchquerte, und von dort per Schiff nach Arabien. Von Bagdad nahm sie die gefährliche Route über Kurdistan und Persien in den Kaukasus, und erst die Nachricht von einer Revolution in Österreich ließ sie schließlich nach Hause zurückkehren – nach zweieinhalb Jahren.

Inzwischen war sie eine Berühmtheit geworden. Der große Naturforscher Alexander von Humboldt sorgte dafür, dass sie von der Geographischen Gesellschaft in Berlin als Ehrenmitglied und erste Frau aufgenommen wurde, Gleiches widerfuhr ihr in Paris und London. Von ihrer Heimat Österreich erhielt sie jedoch nur einen einmaligen, geringen Reisezuschuss: Schließlich war sie keine ausgebildete Wissenschaftlerin.

Ihre zweite Weltreise führte Ida Pfeiffer in vier Jahren zunächst nach Südafrika und von dort nach Südostasien, wo sie als erste Weiße den Dschungel von Borneo durchquerte – Malaria und Stechmücken zum Trotz. Über den Pazifik reiste sie nach Kalifornien, wo sie sich von der Raffgier der Bevölkerung im „Goldrausch" abgestoßen fühlte, und fuhr weiter nach Panama, Ecuador und Peru, durch die Karibik zurück nach New Orleans und nordwärts bis zu den Niagarafällen – ihr zufolge eine der „erhabensten Naturszenen in Gottes schöner Welt".

Die geplante dritte Reise, die Ida Pfeiffer 1856 im Alter von 60 Jahren antrat, endete bereits auf Madagaskar. Dort wurde die Weltreisende in ein Komplott gegen die Königin verwickelt, inhaftiert und schließlich ausgewiesen, wobei sie sich ein Tropenfieber zuzog, von dem sie nicht mehr genesen sollte. An eine Weiterreise nach Australien – jenen Kontinent, den sie noch nicht gesehen hatte – war nicht zu denken, stattdessen kehrte Ida Pfeiffer auf mühseligen Wegen nach Wien zurück, wo sie kurz darauf verstarb.

Ihre Heimatstadt erinnerte sich erst auf Bestreben des Vereins für erweiterte Frauenbildung 30 Jahre nach ihrem Tod dieser großen Tochter und widmete ihr ein Ehrengrab auf dem Wiener Zentralfriedhof. An der Spitze des Grabsteines halten zwei Delfine eine Weltkugel.

GABRIELE POSSANNER VON EHRENTHAL

(1860–1940)

ERSTE PROMOVIERTE MEDIZINERIN

„Dr. Gabriele Edle Possanner, der erste weibliche Arzt in Wien" (Oesterreichische Illustrierte Zeitung, 1897)

Eine Frau braucht Durchhaltevermögen, Nachdruck und einen klugen Kopf, wenn sie neue Wege beschreiten will. Gabriele Possanner ging dank dieser Eigenschaften als erste Frau, die an der Universität Wien in Medizin promovierte, in die Geschichte ein.

Freiin Gabriele Barbara Maria Possanner von Ehrenthal wurde als zweites von acht Kindern in Buda (Ungarn) geboren. Durch den Beruf ihres Vaters – er war k. u. k.-Beamter – hatte sie bis zum Alter von 20 bereits in sechs verschiedenen Städten der Monarchie gelebt, ehe sich die Familie in Wien niederließ, weil er zum Sektionschef im Finanzministerium befördert wurde. Hier besuchte Gabriele Possanner die einzige damals akzeptierte Bildungsanstalt für Frauen: die Lehrerinnenbildungsanstalt. Der Abschluss berechtigte sie, als Volksschullehrerin zu unterrichten, doch Gabriele wollte mehr, viel mehr. Sie wollte Ärztin werden.

Dazu musste Possanner studieren, doch zu diesem Zweck brauchte sie wiederum eine „richtige" Matura, wie sie nur an Gymnasien erwirkt werden konnte – die damals ausschließlich von Jungen besucht werden durften. So ersuchte sie beim Landesschulrat, als Externistin maturieren zu dürften, was ihr schließlich genehmigt wurde. Sie legte die dazu nötigen Prüfungen als erst zweite Frau am Akademischen Gymnasium 1887 mit Erfolg ab – doch ihrem Zeugnis fehlte der Zusatz „Erteilung der Reife zum Besuch einer Universität". Die Tore der Universität Wien waren für Frauen noch immer fest verschlossen. Gabriele Possanner beschloss, in Zürich (Schweiz) zu studieren, wo Frauen seit 1863 an den Universitäten studieren und promovieren durften, auch zu Medizinerinnen. Diese Ärztinnen arbeiteten im Anschluss oft in Bosnien und Herzegowina – also Gebieten der Monarchie, in denen sich muslimische Frauen nicht von männlichen Ärzten untersuchen ließen und wo daher weibliche Ärztinnen geduldet wurden. Überall sonst durften sie maximal als „Helferinnen" Ärzte unterstützen. Possanner absolvierte ihr Medizinstudium jedenfalls mit glänzendem Erfolg und erhielt 1894 ihr Diplom. Allerdings stand ihr nicht der Sinn danach, in die „Provinz" auszuwandern oder in der Schweiz zu praktizieren. Sie wollte in Wien ordinieren.

Während sie als Volontärärztin – als sogenannter „Ordinationszögling" – an der I. Geburtshilflichen Klinik arbeitete, schrieb sie unzählige Gesuche, in denen sie sich auf Artikel 18 des Staatsgrundgesetzes von 1867 berief, der besagte: „Es steht Jedermann frei, seinen Beruf zu wählen und sich für denselben auszubilden, wie und wo er will." Natürlich war mit „Jedermann" tatsächlich jeder Mann, nicht jede Frau gemeint. Und obwohl ihr der Vorstand der Geburtshilfeklinik, Prof. Friedrich Schauta, bestätigte, dass sie ihrer Ausbildung und Erfahrung entsprechende Kenntnisse besaß und sich im Umgang mit Ärzten und Kranken als bescheiden und taktvoll erwies, wurde ihrem Ersuchen um Anerkennung ihres Schweizer Diploms nicht nachgekommen.

So wandte sie sich in ihrer Not 1894 mit einem Gnadengesuch direkt an Kaiser Franz Josef I. Ihr Anliegen begründete sie damit, dass sich viele Frauen und Mädchen scheuen würden, sich einem männlichen Arzt anzuvertrauen, bis es oft bereits zu spät war. Gabrieles Vater, dessen Urteil als ranghohem Beamten sicherlich einiges an Gewicht zukam, unterstützte ihr Gesuch mit einem flammenden Unterstützungsschreiben, und auch der Verein für erweiterte Frauenbildung verfasste einen Brief, in dem man erklärte, Dr. Possaner am zweiten Mädchengymnasium der Monarchie als Schulärztin beschäftigen zu wollen.

Die Unterstützung lohnte sich: Der Kaiser zeigte sich 1895 geneigt, 1896 genehmigten die zuständigen Ministerien die Bitte – unter der Voraussetzung, dass sie sämtliche theoretischen und praktischen Prüfungen nochmals an der Universität Wien ablegte. Das tat Possaner dann auch: Innerhalb von nur neun Monaten absolvierte sie 21 Prüfungen und neun Rigorosen, das letzte am 29. März 1897. Am 2. April 1897 wurde Gabriele Possanner im Alter von 37 Jahren als erste Ärztin an der Universität Wien und innerhalb der österreichisch-ungarischen Monarchie zum Doktor der gesamten Heilkunde promoviert. Der Rektor würdigte die „mutige, siegreiche Vorkämpferin um die Erweiterung der Frauenrechte", und auch die Medien verfolgten das Ereignis mit großem Interesse. Die Arbeiterinnen-Zeitung hob hervor: „Sie als Weib hatte doppelte Prüfungen zu bestehen und sie hat sie glänzend bestanden."

Gabriele Possanner hatte sich trotz aller Mühen, Vorurteile und Stolpersteine ihren Lebenstraum erfüllt. Sie eröffnete eine Ordination als praktische Ärztin im 9. Wiener Gemeindebezirk. Am Haus Alser Straße 26 erinnert heute eine Gedenktafel an die große Vorkämpferin, der 1928 auch noch der Titel „Medizinalrat“ verliehen wurde. Die Possanner-Biografin Marcella Stern wies nach, dass sich mit dem „Fall“ nicht nur der Kaiser, sondern auch zwei Minister des Inneren, drei Minister für Kultus und Unterricht, vier Rektoren der Universität Wien und vier Dekane der medizinischen Fakultät auseinandersetzen mussten. Hartnäckigkeit macht sich eben bezahlt. Vor allem in Sachen Frauenrechte.

PIONIERINNEN DER WISSENSCHAFT

1897 **Gabriele Possaner**
Erste Frau, die in Österreich promovierte (Medizin)

1900 **Maria von Ebner-Eschenbach**
Erstes Ehrendoktorat für eine Frau an der Universität Wien

1907 **Elise Richter**
Erste Habilitation an der Universität Wien (Romanistik)

1956 **Berta Karlik**
Erste Ordentliche Professorin an einer Universität (Physik; Uni Wien)

LISE MEITNER

(1878–1968)

GENIALE STRAHLUNGSFORSCHERIN

Einer der bedeutendsten österreichischen Wissenschaftlerinnen blieb die Krönung ihrer Forscherinnenlaufbahn – der Nobelpreis – versagt. Doch Lise Meitners Beiträge gehören zu den grundlegendsten Erkenntnissen der Atomphysik.

Sehr zurückhaltend, fast scheu, erzogen als „Tochter aus gutem Hause“: So beschrieb ihr kongenialer Wissenschaftspartner, der Chemiker und spätere Nobelpreisträger Otto Hahn, die kleine Frau mit dem großen Intellekt. Lise Meitners revolutionäre Beiträge zur Physik wurden von ihm in seinen Memoiren stets anerkannt – nicht jedoch von der wissenschaftlichen Gemeinde: Den Nobelpreis für die Entdeckung der Kernspaltung erhielt Hahn allein. Ein klassisches Schicksal für eine Frau, die in einer ausgesprochenen Männerdomäne arbeitete – und dabei besser war als viele ihrer männlichen Kollegen.

Geboren 1878 als drittes von acht Kindern in Wien, zeigte Lise Meitner schon früh ihr Interesse an Naturwissenschaften und machte sogar die Externistenmatura an einem Knabengymnasium, um studieren zu können: Mädchen war der Besuch eines Gymnasiums zu ihrer Zeit noch verboten. Zum Glück förderte ihr Vater, ein wohlhabender Rechtsanwalt, die Ambitionen seiner Tochter. 1901 inskribierte sie als eine der ersten Frauen Physik und Mathematik an der Universität Wien und dissertierte schließlich als erst zweite Frau in diesem Fach bei Professor Ludwig Boltzmann.

Besonders beeindruckt zeigte sich die junge Forscherin von ihrem Zeitgenossen Albert Einstein, dessen Vortrag über „die Zusammenhänge von Strahlung und träger Masse“ sie 1909 in Salzburg mit Spannung verfolgte. Er sollte sie viel später einmal als „deutsche Madame Curie“ bezeichnen, denn Lise Meitners großes Interesse galt der Strahlung,

Lise Meitner in ihrem Berliner Labor, 1931

die von radioaktiven Substanzen abgegeben wurde, und sie wollte deren Auswirkungen erkunden. Doch die „echte“ Marie Curie lehnte Meitners Gesuch ab, bei ihr an der Sorbonne in Paris studieren zu dürfen. So wandte sich Meitner an die Friedrich-Wilhelms-Universität in Berlin. Obwohl dort Frauen noch nicht zugelassen waren, durfte sie gemeinsam mit Otto Hahn ein Labor im Keller einrichten – unter der Voraussetzung, dass sie die Institutsräume nie betreten würde. So schlich sie sich heimlich in Vorlesungen. Erst nach dem Ersten Weltkrieg konnte sie sich – als erste Frau in Berlin – habilitieren und erhielt den Professorentitel. Lehrstuhl dazu gab es für Meitner keinen, doch herzhaftes Durchsetzen frauenspezifischer Interessen war der zierlichen Person ohnehin fremd: Sie nahm die Beschränkungen hin, die ihr aufgrund ihres Frauseins auferlegt wurden, und verfolgte dafür mit umso scharfsinnigerer Konsequenz ihre wissenschaftliche Arbeit.

Meitner und Hahn erwiesen sich als ideales Forscherpaar: Er war der intuitive Part, sie die Analytikerin, von der, wenn seine Hypothesen wieder einmal davongaloppierten, der Ausspruch überliefert ist: „Sei still, Hähnchen, von Physik verstehst du nichts!“ Sie publizierten zahlreiche wissenschaftliche Arbeiten, und Meitner entdeckte unter anderem das chemische Element Nr. 91, „Protactinium“. Die Arbeit in einem Kreis von Doktoranden und Mitarbeitern beschrieb Meitner selbst als eine höchst anregende Zeit, in der alle in dem Wunsch verbunden waren, die persönliche und berufliche Gemeinschaft

Die Abteilung Hahn-Meitner vor dem Eingang zum Kaiser-Wilhelm-Institut für Chemie, 1924

nicht durch unterschiedliche politische Ansichten zerstören zu lassen – bis 1933, dem Jahr der Machtergreifung durch Adolf Hitler. Sogleich entzogen die Nationalsozialisten Lise Meitner Titel und Lehrbefugnis. Doch da sie nach wie vor Österreicherin war und Max Planck sich persönlich für sie einsetzte, durfte sie weiterarbeiten. Forscherkollegen versuchten, sie zu schützen, indem sie sie 1936 für den Nobelpreis vorschlugen – vergeblich. Die Lage wurde prekär, als die Nazis im Frühjahr 1938 in Österreich einmarschierten: Lise Meitner wurde plötzlich zur „Deutschen" und war als Jüdin extrem gefährdet. Nach mehr als 30 Jahren Forschungstätigkeit in Deutschland blieben der mittlerweile 60-jährigen Wissenschaftlerin genau eineinhalb Stunden Zeit, um zu packen. Mit nichts mehr als einem Handkoffer gelang ihr über die Niederlande die Ausreise nach Skandinavien. Otto Hahn hatte ihr als „Notgroschen" den Brillantring seiner Mutter mitgegeben. Freunde vermittelten ihr einen Arbeitsplatz am Nobelinstitut in Stockholm, doch sie litt schwer, weil sie nun von den Forschungen, an denen sie so wichtigen Anteil gehabt hatte, abgeschnitten war. Und dennoch stand ihre größte Eingebung noch bevor.

Im Winter 1938/39 diskutierte Meitner mit ihrem Neffen, dem Atomphysiker Otto Robert Frisch, einen Brief von Otto Hahn, in dem dieser ein ihm unverständliches Experiment schilderte: Uran war durch den Beschuss mit Elektronen in zwei neue Elemente gespalten worden. Diese beiden waren zusammen jedoch leichter als die Ausgangsmaterie, und außerdem wurde bei diesem Vorgang viel Energie freigesetzt. Bei einem Spaziergang im Schnee fiel Meitner plötzlich Einsteins Energieformel von 1905 ($E=mc^2$) als Erklärung ein: Die bei der Uranspaltung „verlorengegangene" Masse war nichts anderes als die freigesetzte Energie! Frisch unterbreitete die Hypothese seinem Professor in Kopenhagen, Niels Bohr, und bestätigte experimentell Meitners Annahme. Sie selbst prägte den Begriff „Atomspaltung" – nuclear fission – in ihrem Artikel „A New Type of Nuclear Reaction". Bohr nahm die Erkenntnis mit in die USA – wo letztlich daraus das „Manhattan Project" und in der Folge die Atombombe entstand.

Nach dem Abwurf der Atombomben auf Hiroshima und Nagasaki im August 1945 wurde Lise Meitner in den USA als „Mutter der Atombombe" gefeiert und zur „Woman of the Year" gewählt. Nichts lag der zurückhaltenden Wissenschaftlerin ferner. Zeit ihres Lebens bedauerte Meitner ihren theoretischen Beitrag zur Vernichtung Hunderttausender Menschenleben. Als ihr angeboten wurde, ihren „Heureka!"-Moment in Hollywood zu verfilmen, lehnte sie entsetzt ab. Eine Gastprofessur in Washington nahm sie jedoch mit Freude an, ebenso Präsident Trumans Einladung ins Weiße Haus.

Meitner wies jede Anfrage, wieder in Deutschland zu arbeiten, kategorisch ab, akzeptierte aber später den Verdienstorden der Bundesrepublik Deutschland. In ihrer Heimat Österreich dachte niemand daran, eine so bedeutende Wissenschaftlerin zur Rückkehr zu bewegen. Zwar wurde sie 1947 Ehrenbürgerin der Stadt Wien und 1948 als erste Frau zum korrespondierenden Mitglied der Akademie der Wissenschaften gewählt. Doch als sie 1963 endlich zu einem Vortrag in ihre Heimat eingeladen wurde, durfte sie diesen nicht an einer Universität halten, sondern an der Urania – einem Volksbildungshaus. Wenigstens die internationale Forschergemeinschaft hielt ihr Andenken hoch: 1992 wurde ihr zu Ehren das chemische Element Nr. 109 „Meitnerium" benannt.

Ihren Lebensabend verbrachte die bescheidene geniale Forscherin in Cambridge (England), wo sie 1968 kurz nach dem Tod von Otto Hahn ebenfalls verstarb. Die Inschrift auf ihrem Grabstein lautet: „A physicist who never lost her humanity" (Eine Physikerin, die niemals ihre Menschlichkeit verlor).

Anna Freud beim Psychoanalytischen Kongress in Paris, 1957

ANNA FREUD

(1895–1982)

PIONIERIN DER KINDERPSYCHOANALYSE

Anna Freud, die Tochter des berühmten Vaters der Psychoanalyse, hielt nicht nur das Erbe ihres Vaters hoch, sondern begründete selbst einen völlig eigenständigen Therapiezweig, die Kinderpsychoanalyse.

Stets im Schatten ihres Vaters, so wird Anna Freud oft beschrieben – doch diese Beschreibung wird der unermüdlichen Arbeiterin, Pflegerin, Helferin, Forscherin und Pionierin bei Weitem nicht gerecht. Sie begründete nicht nur die Kinderpsychoanalyse, sondern wirkte weit über den Tod ihres Vaters hinaus als Lehranalytikerin und Institutsdirektorin befruchtend auf zahllose PsychoanalytikerInnen in aller Welt. Anna Freud hat ohne Zweifel ein eigenes Kapitel verdient – nicht nur in diesem Buch, sondern in der Geschichte.

1895 wurde sie als sechstes und letztes Kind von Sigmund Freud und Martha Bernays geboren, zu einer Zeit, als ihr Vater eben dabei war, die Grundzüge seiner tiefenpsychologischen Theorien zu entwerfen. Die Kinder interessierten ihn, wie die meisten Väter in dieser Zeit, kaum. Anna war ein wissbegieriges Kind, das durchaus ein Gymnasium besuchen und studieren hätte können, doch das gestattete der strenge Vater nur den Söhnen. Die Tochter besuchte die Lehrerinnenbildungsanstalt – ein zu dieser Zeit üblicher Ausbildungsweg für bildungshungrige Bürgerstöchter. Anschließend unterrichtete sie an ihrer ehemaligen Schule.

Schon mit 15 las Anna die Werke ihres Vaters und besuchte später seine Vorlesungen an der Universität. 1918 begann sie schließlich eine dreijährige Lehranalyse beim Herrn Papa, was bis heute wegen des nahen Verwandtschaftsverhältnisses auf Kritik stößt. In dieser Zeit reifte ihr Entschluss, ebenfalls Psychoanalytikerin zu werden.

Sie beteiligte sich rege an den sogenannten Mittwochstreffen – psychoanalytischen Diskussionsrunden –, begleitete ihren Vater zu Kongressen und wurde schließlich 1922 in die Wiener Psychoanalytische Vereinigung aufgenommen – ohne formellen Universitätsabschluss. Möglicherweise hat sich Sigmund Freud deshalb so vehement für die Laienausbildung eingesetzt. Schon zwei Jahre später wurde sie als Sekretärin der Wiener Psychoanalytischen Vereinigung eingesetzt und wiederum zwei Jahre später zur Generalsekretärin der Internationen Psychoanalytischen Vereinigung. Parallel zu dieser Arbeit eröffnete sie eine eigene Praxis, kümmerte sich um die Agenden ihres Vaters und schließlich auch um seine Gesundheit, als bei ihm 1923 Kehlkopfkrebs diagnostiziert wurde. Er musste sich 30 Operationen unterziehen, konnte teilweise nicht sprechen und ließ sich daher bei Vorträgen und auf Kongressen von seiner Tochter vertreten.

1921 lernte Anna Freud die mehr als 30 Jahre ältere Lou Andreas-Salomé kennen, die international bekannte Muse von Rainer Maria Rilke, Friedrich Nietzsche und anderen berühmten Männern, quasi eine frühe Alma Mahler-Werfel. Freud bezeichnete sie als „Frauenzimmer von gefährlicher Intelligenz", doch für Anna war die Begegnung mit der intellektuell anregenden, ebenfalls psychoanalytisch ausgebildeten Frau prägend. Durch sie lernte sie andere wichtige Frauen der Zeit, etwa die Reformpädagogin Eugenie Schwarzwald, kennen. Wenige Jahre später, 1925, trat eine weitere bedeutsame Frau in ihr Leben: Dorothy Tiffany Burlingham, die von ihrem Mann getrennt lebte. Diese zog mit ihren vier Kindern in das Freud'sche Wohnhaus in der Berggasse 19 ein und blieb persönlich wie beruflich ein Leben lang an Annas Seite. Eine intime Komponente ihrer Beziehung stritten beide Frauen stets konsequent ab, doch Frauenfreundschaften sollten ein wichtiges Element in Annas Leben bleiben.

Wie schon ihre ursprüngliche Berufswahl zeigte, galt Anna Freuds Hauptinteresse stets Kindern. 1927 veröffentlichte sie ihre „Einführung in die Technik der Kinderanalyse", das heute noch als Standardwerk in der Ausbildung gilt, aber einen heftigen Fachstreit mit der in Berlin dozierenden Kinderanalytikerin Melanie Klein auslöste. Um ihre Methoden auch unter LehrerInnen zu verbreiten, hielt Anna Freud Vorträge und veröffentlichte 1930 die „Einführung in die Psychoanalyse für Pädagogen". Das

Anna Freud mit Vater Siegmund Freud, um 1920

1935 erschienene Standardwerk „Das Ich und die Abwehrmechanismen" widmete sie ihrem schon schwer kranken Vater zum 80. Geburtstag.

Nachdem die Wiener Psychoanalytische Vereinigung den Austrofaschismus relativ unbeschadet überstanden hatte, wurden die Nationalsozialisten zur ernsthaften Bedrohung für Leib und Leben. Im Juni 1938 gelang Familie Freud mit Gefolge die Flucht nach London. Vater und Tochter wurden sofort in die dortige Psychoanalytische Vereinigung aufgenommen. Sie bezogen ein Haus in Hampstead, wo Sigmund Freud ein Jahr später verstarb. Heute beherbergt das Haus ein seinem Lebenswerk gewidmetes Museum, wie es Anna Freuds Wunsch war. Nach seinem Tod widmete sich Anna sofort der Edition ebendieses Lebenswerkes in 18 monumentalen Bänden und kümmerte sich auch um den restlichen Nachlass, darunter Tausende Briefe und Notizen.

Um für ihr Gastland einen Beitrag zu leisten, gründete Anna gemeinsam mit Dorothy Burlingham 1940 das Kinderheim Hampstead Nurseries, wo etwa 80 Kriegswaisen aufgenommen wurden. Nach dem Krieg nahm sich Anna zunächst um Waisenkinder aus dem KZ Theresienstadt an. Aus den Nurseries wurde 1947 ein Ausbildungszentrum, das sich zum heutigen Anna Freud Centre entwickelte, wo man sich der Therapie, Ausbildung und Forschung in der Kinderanalyse widmet. Neben ihrer Tätigkeit als Direktorin der Kinderklinik führte Anna Freud ihre Praxis, reiste zu Kongressen, hielt Vorlesungen und publizierte Fachbücher – und sie baute die Internationale Psychoanalytische Vereinigung wieder auf. In den 1950er-Jahren hatte sie eine höchst prominente Patientin, die schwer unter den Spannungen bei den Dreharbeiten zu dem Film „Der Prinz und die Tänzerin" litt: An den Gegensätzen zwischen den Hauptdarstellern, Marilyn Monroe und Sir Laurence Olivier, drohte das Filmprojekt zu scheitern. Monroe bedankte sich für Anna Freuds erfolgreiche Betreuung mit einem großzügigen Scheck an die Kinderklinik.

In ihrer kargen Freizeit widmete sich Anna Freud ihrem geliebten Garten und beschenkte Freunde und Patienten mit Selbstgestricktem, das sie mit „Hand made by Anna Freud" etikettierte. In ihre Heimatstadt Wien kehrte Anna Freud erst nach mehr als 30 Jahren zurück: 1971 hielt sie am 27. Psychoanalytischen Kongress einen Vortrag – auf Englisch. Sie besuchte auch ihr Geburtshaus, wo im selben Jahr das Freud-Museum eröffnet wurde. Die Universität Wien verlieh ihr ein Ehrendoktorat – ebenso wie zahlreiche andere Universitäten in aller Welt –, die Republik Österreich das Goldene Ehrenzeichen.

Nachdem ihre Partnerin Dorothy Burlingham 1979 verstorben war, folgte ihr Anna Freud nur drei Jahre später nach. Sie hat sich ihren Platz in der Geschichte als kluge Lehrtherapeutin und Begründerin der Kinderpsychoanalyse redlich verdient.

ZULASSUNG VON FRAUEN AN ÖFFENTLICHEN INSTITUTEN HÖHERER BILDUNG

1868	Wiener Kunstgewerbeschule mit Ausnahme von Malerei und Bildhauerei
1896	Gesetzliche Verankerung des Zugangs zur Matura
1897	Philosophische Fakultät Wien, Graz, Innsbruck
1900	Medizinische Fakultät
1908	Graphische Lehr- und Versuchsanstalt
1918	Juridische Fakultät
1919	Tierärztliche Hochschule, Technische Hochschule, Hochschule für Bodenkultur
1920	Akademie der bildenden Künste Wien
1923	Evangelisch-Theologische Fakultät Wien
1945	Katholische Fakultät Wien

OLGA TAUSSKY-TODD

(1906–1995)

GALLIONSFIGUR DER MATHEMATIK

Liebe zur Mathematik und zur Lyrik zeichneten diese ungewöhnliche Wissenschaftlerin aus, die als Wegbereiterin der Matrizentheorie gilt. Olga Taussky-Todd gehört zu den großen Gelehrten, um deren Rückholung sich Österreich nach 1945 nicht bemühte.

Olga Taussky, 1905 im damals zur k. u. k.-Monarchie gehörigen Olmütz in Mähren geboren, hatte das Glück, einen aufgeschlossenen, kreativen Industriechemiker zum Vater zu haben, der auf eine umfassende Bildung seiner drei Töchter sehr viel Wert legte. 1909 zog die Familie nach Wien, wenige Jahre später nach Linz, wo der Vater eine Essigfabrik leitete. Schon in der Volksschule hatte sich herausgestellt, dass Olga eine besondere Begabung für das Rechnen hatte, aber sie liebte es auch, zu komponieren und Gedichte zu schreiben.

Vater Taussky förderte die Begabung seiner Tochter, indem er sie mit mathematischen Aufgaben betraute. Als er sie bat, seine Fachzeitschriften zu ordnen, entwickelte sie dafür einen Algorithmus, der den in modernen Computerprogrammen verwendeten sehr ähnlich war. In den Ferien setzte er ihr Talent in der Essigfabrik ein, wo sie eine Gleichung entwickelte, mit deren Hilfe man sicherstellte, dass der Essig immer denselben Säuregrad aufwies. Damit auch die weniger mathematisch gebildeten Arbeiter damit umgehen konnten, legte sie übersichtliche Tabellen an. Leider verstarb Olgas Vater in ihrem letzten Schuljahr, sodass die Schwestern beschlossen, möglichst schnell zu studieren, um die Kosten in Grenzen zu halten. Olga trug zum Auskommen bei, indem sie Nachhilfe gab. Nach ihrer älteren Schwester, die in Wien bereits Chemie studierte, belegte Olga nun im Herbst 1925 Mathematik und hatte das Glück, dass der große Zahlentheoretiker Philipp Furtwängler ihr Doktorvater wurde. Bereits 1927 begann

Denkmal für Olga Taussky-Todd im Arkadenhof der Universität Wien, angebracht 2016

sie, an ihrer Dissertation zu arbeiten, doch da die Promotion erst im zehnten Semester erfolgen durfte, hatte sie Zeit, in eines der Zentren ihres Arbeitsgebietes zu reisen: In Zürich konnte sie sich mit anderen Mathematikern austauschen. Nach ihrer Promotion 1930 erschien Tausskys Doktorarbeit „Über eine Verschärfung des Hauptidealsatzes" in einer der bedeutendsten mathematischen Zeitschriften.

Olga Taussky knüpfte Kontakte zu bedeutenden MathematikerInnen ihrer Zeit, unter anderem zu ihrer deutschen Forschungskollegin Emmy Noether in Königsberg, mit der sich eine innige Freundschaft entwickelte, und zum Göttinger Professor Richard Courant. Das Studienjahr 1931/32, das sie auf einer Assistenzstelle in Göttingen verbrachte, trug wesentlich dazu bei, dass sie sich auch international als Mathematikerin etablierte. Gleichzeitig spürte sie in Deutschland, viel stärker noch als in Österreich, bereits die drohende politische Entwicklung, die schließlich viele ihrer KollegInnen zur Emigration zwang, darunter auch Noether, Courant und ihren Studienkollegen Kurt Gödel. Daher war es ein Glück, dass Olga 1934 zwei Stipendien erhielt: eines am Girton College in Cambridge, England, und eines am Women's College Bryn Mawr, USA. Sie reiste zunächst mit dem Schiff in die USA, um Zeit zu haben, ihre Englischkenntnisse aufzubessern, und traf in Bryn Mawr Emmy Noether, die dort untergekommen war. Die beiden Frauen organisierten Seminare und hielten auch in Princeton regelmäßig Vorträge. Leider verstarb Noether 1935 unerwartet an den Folgen einer Unterleibsoperation.

Nach dem Stipendium in Cambridge trat Taussky 1937 eine Stelle am Westfield College der London University an, wo sie sich intensiv der Lehrtätigkeit widmete. Dort lernte sie ihren späteren Ehemann, den irischen Mathematiker John (Jack) Todd kennen, den sie 1938 heiratete. In den ersten Ehejahren musste das Mathematikerpaar mehrmals umziehen und Kriegsdienstverpflichtungen nachkommen. In dieser Zeit betreute Olga in Oxford ihre erste Dissertantin, die spätere bedeutende Mathematikerin Hanna Neumann, geb. Cämmerer. Auch im weiteren Verlauf ihrer akademischen Laufbahn blieb es Taussky-Todd ein wichtiges Anliegen, andere Wissenschaftlerinnen bewusst zu fördern und die Zusammenarbeit zu suchen.

Nach dem Krieg ging das Ehepaar Todd in die USA und landete nach einigen Stationen in Washington, wo sie am National Bureau of Standards die Computertechnik mit aufbauten. Beide nahmen die US-Staatsbürgerschaft an und überstanden die Ära McCarthy, in der die Zahl ihrer Mitarbeiter stark dezimiert wurde. In dieser Zeit lieferte Olga Taussky-Todd bedeutende Beiträge zur Lösung von Computerproblemen, zur numerischen Analysis, zur Matrizentheorie und zur algebraischen Gruppentheorie. In allen Lebensphasen widmete sie sich sehr intensiv der Mathematik. Wenn Kollegen sich durch äußere Umstände von der Forschung ablenken ließen, soll sie recht streng über sie geurteilt haben. Ihre StudentInnen freuten sich hingegen über ihre Aufmunterungen und Hilfestellungen – vorausgesetzt, sie brachten die nötige Ernsthaftigkeit für das Studium mit. Die Kombination aus Lehre und Forschung empfand Olga Taussky-Todd stets als ihre „eigentliche Berufung". Angebote, bei denen nur John eine Position als Wissenschaftler bekommen hätte und Olga an einer High School hätte unterrichten müssen, lehnte das Ehepaar ab.

Ihre letzte berufliche Station sollte das Caltech in Kalifornien werden, wo John Todd von Anfang an eine Stelle als ordentlicher Professor innehatte. Olga Taussky-Todd forschte dort unter anderem zur Matrixtheorie und betreute Dissertationen, hatte aber offiziell keine Professur inne, wohl weil sie als verheiratete Frau an das Institut gekommen war. Erst als eine jüngere Frau 1969/70 als erste Professorin am Caltech gefeiert wurde, kümmerte sich Taussky-Todd darum, dass ihr Wirken auch offiziell das richtige Etikett erhielt: 1971 wurde sie zur ordentlichen Professorin ernannt. Österreich ehrte sie 1978 mit dem Ehrenkreuz für Wissenschaft und Kunst. Ihre zahlreichen Publikationen und Auszeichnungen machten sie zur Gallionsfigur für in der Mathematik tätige Frauen. Privat blieb sie immer der Poesie zugetan, sammelte Mineralien und lachte über Briefmarken zum Thema Mathematik – ja, die gibt es! Die Haushaltsführung überließ sie übrigens weitgehend ihrem Mann.

DIE POLITISCHEN

Starke
FRAUEN
AUS ÖSTERREICH

MARIA THERESIA VON ÖSTERREICH

(1717–1780)

KAISERIN, MUTTER, EHEFRAU

Die legendäre Herrscherin reformierte das österreichische Staatswesen und vernetzte ihr Haus mit halb Europa. Dabei hatte auch Maria Theresia das „ewig weibliche" Problem, berufliche Ambitionen, Liebe und Mutterschaft unter einen Reifrock zu bringen.

Sie war 23 Jahre alt, zum dritten Mal schwanger und hatte erst kurz zuvor ihr erstes Kind begraben müssen: So übernahm Maria Theresia 1740 die Regierungsgeschäfte von ihrem Vater Karl VI., der völlig überraschend verstorben war. In weiser Voraussicht hatte er, der statt eines Thronfolgers „nur" drei Töchter in die Welt gesetzt hatte, mit der „Pragmatischen Sanktion" die Erbfolge im Hause Habsburg geändert: Sie besagte, dass seine älteste Tochter seine Thronfolge antreten konnte, wenn ein männlicher Nachkomme fehlte. Trotz des kaiserlichen Willens waren Berater, Fürstenhäuser und Volk der neuen Regentin gegenüber skeptisch. Maria Theresia sollte sie alle eines Besseren belehren.

Ihr war die übliche gute Erziehung zuteil geworden, doch auf die Rolle der Thronfolgerin wurde sie nicht explizit vorbereitet: Ihr Vater hätte sie weder zu „auswärtigen noch inneren Geschäften" jemals beigezogen. So stand sie praktisch ahnungslos vor der Mammutaufgabe, ein gewaltiges Reich zu regieren. Doch noch an seinem Todestag übernahm sie den Vorsitz in der Regierung ihres Vaters, und da er leere Staatskassen

Die junge Maria Theresia

hinterlassen hatte, verfügte sie, dass die Klöster ihre Kornkammern öffnen sollten, um den Hunger des Volkes zu stillen. Während sich ihre Vorgänger so gut wie nie öffentlich blicken ließen, stellte sie sich dem Volk und gestattete sogar, dass man ihr Bittgesuche in die Kutsche warf. Die gleichen Menschen, die sich noch kurz zuvor bitter über eine Frau auf dem Thron beklagt hatten, jubelten ihr nun zu und standen hinter „ihrer" Königin.

In ihren jungen Lebensjahren war Maria Theresia durchaus impulsiv und lebenslustig. Sie sprach Deutsch mit wienerischer Färbung, aber auch Latein, Spanisch, Französisch und Italienisch. Außerdem liebte sie Musik, tanzte Nächte auf Bällen durch und war auch dem Glücksspiel zugetan. Als „wilde Reiterin" zog sie sich fürstlichen Unwillen zu, wenn sie offizielle Termine zu Pferd wahrnahm oder bis nach Schönbrunn ritt, denn damit löste sie einen Boom unter Wiens Damen aus – und die Herren konnten schlecht etwas dagegen sagen, wenn es die Königin ja auch tat.

Nach ihrer Machtübernahme musste Maria Theresia an allen Fronten schnell handeln, denn der preußische König Friedrich II. nützte die Gelegenheit, um anzugreifen: Der sogenannte Erbfolgekrieg endete bekanntlich mit dem Verlust Schlesiens, doch gleichzeitig mit Friedensverträgen, die Maria Theresia die Herrschaft und damit ihr Erbe sicherten. Die Wende war ihr unter anderem mit ihrer Krönung zum „König von Ungarn" (eine weibliche Bezeichnung war protokollarisch nicht vorgesehen) gelungen: Sie hatte den gesamten ungarischen Adel um sich versammelt und sich als verzweifelte Mutter präsentiert. Die Fürsten zeigten sich beeindruckt vom Mut der jungen Frau und stellten ihr 20 000 Soldaten zur Verfügung.

Die Mehrfachbelastung, der die Herrscherin ausgesetzt war, zeigte sich vor allem in Kriegszeiten: Von ihrem Regierungsantritt bis zum Ende des Siebenjährigen Krieges 1763 vergingen 23 Jahre. In diesem Zeitraum brachte Maria Theresia 16 Kinder zur Welt und plante deren Erziehung und Zukunft. Gleichzeitig musste sie damit fertig werden, dass sechs davon bereits als Kleinkinder oder Jugendliche starben. Um an allen Ratssitzungen auch als Hochschwangere teilnehmen zu können, ließ sie sich eine spezielle Sänfte anfertigen. Unter ihren zahlreichen BeraterInnen war ihre Amme und Erzieherin, die Gräfin Karoline von Fuchs-Mollard, genannt „die Füchsin", eine der wichtigsten und langjährigsten. Ihre Bedeutung zeigt sich auch darin, dass sie als einzige Nicht-Habsburgerin in der Kapuzinergruft bestattet wurde.
Um die finanziellen Angelegenheiten des Hauses Habsburg kümmerte sich Maria Theresias Ehemann Franz Stephan von Lothringen – ihre Jugendliebe, die sie 1736 heiraten durfte. Das Haus Lothringen war nicht bedeutend genug, um die fragile Machtkonstellation in Europa durch eine Vereinigung mit dem Haus Habsburg in Gefahr zu bringen. Ein weiterer Pluspunkt war Stephans mangelnder Ehrgeiz in Sachen

Regentschaft; er beschränkte sich auch als offizieller Mitregent auf sein wirtschaftliches Talent. Die großen Entscheidungen traf Maria Theresia allein. Die Ehe, so geht aus den Briefwechseln der Kaiserin hervor, dürfte bis zuletzt glücklich gewesen sein, auch wenn Franz Stephan einige Affären nachgesagt wurden – von denen seine Gattin allerdings wusste, weil sie ihn bespitzeln ließ. Ihrer eigenen Logik zufolge war er ihr durch ihre Nachsicht nur umso mehr zugetan. Die beiden teilten sich immerhin – anders als die meisten anderen Regentenpaare – lebenslang ein Schlafzimmer und schließlich auch einen reich verzierten Doppelsarg an ihrer letzten Ruhestätte.

Einer von Maria Theresias größten Erfolgen war, dass sie die Kaiserkrone des Heiligen Römischen Reiches wieder in ihr Haus zurückholte. Dank ihrer Interventionen wurde die Kaiserkrone 1745 auf dem Haupt ihres Ehemannes Franz Stephan platziert (und danach auf dem ihres Sohnes Joseph II.). Sie selbst lehnte es ab, von ihrem Mann zur Kaiserin gekrönt zu werden, nannte sich jedoch von nun an selbst so und wurde auch im Volk so bezeichnet.

Ihre berühmten Reformen betrafen zahlreiche staatliche Agenden: Für die Verwaltung gründete Maria Theresia die Haus-, Hof- und Staatskanzlei und verfügte eine allgemeine Steuerpflicht, die erstmals auch Adel und Klerus umfasste. Sie schuf ein Höchstgericht und erließ das erste einheitliche Strafrecht in der Monarchie, die Constitutio Criminalis Theresiana. Auch das Heereswesen wurde grundlegend reformiert, die Stärke der Armee verdoppelt und in Wiener Neustadt die bis heute genutzte Theresianische Militärakademie gegründet. Berühmt ist Maria Theresia natürlich für die Einführung der allgemeinen Unterrichtspflicht 1760, in deren Folge auf dem Land einklassige Volksschulen für sechs- bis zwölfjährige Kinder eingerichtet wurden. Zu den dort vermittelten Kenntnissen gehörten Religion, Lesen, Kurrentschrift, Rechnen, Rechtschaffenheit und Wirtschaft. Auch als Bauherrin von Schloss Schönbrunn und Schloss Laxenburg ging die große Monarchin in die Geschichte ein – und übrigens auch als Begründerin der Mailänder „Scala“.

Berüchtigt war Maria Theresias religiöse Intoleranz, die sich nach dem Tod ihres Mannes noch verstärkte. Der Katholizismus war Staatsreligion, Protestanten und insbesondere Juden wurden verfolgt und mussten die Erblande verlassen. Sie schuf eine Keuschheitskommission, die das sittliche Leben der Menschen kontrollierte: Ehebruch wurde bei Frauen härter bestraft als bei Männern, Kriminelle und Prostituierte wurden mit den gefürchteten „Wasserschüben“ die Donau abwärts verschifft und in entlegenen Gegenden angesiedelt. Hart war Maria Theresia auch gegenüber den Heiratswünschen ihrer Kinder. Als Einzige durfte ihre Lieblingstochter Maria Elisabeth den Mann ihrer Wahl heiraten, alle anderen – Söhne wie Töchter – wurden der mütterlichen Heiratspolitik geopfert. Berühmtestes

Maria Theresia mit Gemahl Franz Stephan und elf Kindern auf der Terrasse von Schloss Schönbrunn

Opfer war Maria Antonia, die als 15-jährige Marie Antoinette den späteren französischen König Ludwig XVI. ehelichte und auf der Guillotine endete – doch Letzteres musste ihre Mutter nicht mehr erleben.

Nach dem Tod von Franz Stephan 1765 trug Maria Theresia nur noch Schwarz, ließ ihre Haare abschneiden und ihre Gemächer mit grauer Seide auskleiden. „Ich verlor einen Gatten, einen Freund, den einzigen Gegenstand meiner Liebe“, schrieb sie selbst. Ihr Sohn Joseph II. wurde Mitregent und leistete nun heftigen Widerstand gegen die intolerantesten ihrer Maßnahmen. Wegen ihrer Konflikte konnten die beiden zeitweise nicht einmal mehr am gleichen Tisch speisen.

So widersprüchlich diese große Frauenfigur auch war, so war sie in jedem Fall eine Frau, die anpackte, strategisch handelte und ihre Interessen durchzusetzen wusste. Sie füllte jede ihrer Rollen – Herrscherin, Mutter und Ehefrau – mit Leidenschaft aus. Bei ihrem Tod trug sie den Morgenmantel ihres geliebten Ehemannes.

MARIANNE HAINISCH

(1839–1936)

HARTNÄCKIGE MÄDCHENBILDNERIN

Die Tochter aus gutem Hause sorgte mit ihrem hartnäckigen Einsatz dafür, dass Frauen Zugang zu höherer Bildung erlangten – eine essenzielle Vorbedingung dafür, dass man Frauen schließlich auch an den Universitäten zum Studium zuließ.

Der Baumwollkrise nach dem Amerikanischen Bürgerkrieg haben Mädchen in Österreich das erste für sie zugängliche Gymnasium zu verdanken. Durch das Ausbleiben der Baumwolle kämpften hierzulande einige Spinnereien ums Überleben – der Ehemann einer Freundin von Marianne Hainisch verlor den Kampf um seine Fabrik, er konnte die Familie nicht mehr ernähren. Doch auch diese Freundin konnte keine Beschäftigung finden, die ihrer sozialen Stellung entsprach. Frauen sollten zu dieser Zeit durch ihre schöngeistige Erziehung nur dazu befähigt werden, eine gute Hausfrau, Mutter und würdige Gefährtin ihres Mannes zu sein. Eine ihrem Stand gemäße Berufsausübung war nicht vorgesehen. Durch das tragische Los ihrer Freundin wurde Marianne Hainisch klar, dass bürgerliche Mädchen auf ein Erwerbsleben vorbereitet werden mussten, und zwar in einem Gymnasium.

1839 als Tochter des Industriellen Josef Perger und seiner Frau Maria geboren, erlebte Marianne die typische damalige Mädchenerziehung. Mit 18 heiratete sie Michael Hainisch, den Mitbesitzer einer Spinnerei bei Gloggnitz, und gebar zwei Kinder (ihr Sohn Michael sollte der erste Bundespräsident der Ersten Republik werden). Durch das oben geschilderte Erlebnis zur „Frauen-Vorkämpferin", wie sie sich selbst bezeichnete, geworden, stellte sie bei der Generalversammlung des Wiener Frauenerwerbsvereins 1870 ihren Antrag zur „Frage des Frauenunterrichts": Die Gemeinde Wien möge an den Realgymnasien Parallelklassen für Mädchen einrichten, und falls das nicht möglich wäre, die Bewilligung zur Errichtung eines eigenen Realgymnasiums für Mädchen erteilen. Der Abschluss des Gymnasiums sollte Frauen zum universitären Studium befähigen, doch hier stellten sich die nächsten Probleme: Frauen waren noch nicht an der Universität zugelassen, die meisten Universitätsprofessoren sprachen sich gegen Frauen als Studierende und somit auch gegen Mädchengymnasien aus, darunter der bedeutende Chirurg Theodor Billroth. Der Schriftsteller Karl Kraus setzte noch 1907 den Wunsch von Frauen, Medizin zu studieren, mit Hysterie gleich. Davon ließ sich Marianne Hainisch jedoch nicht abhalten.

Hainisch kämpfte in enger Zusammenarbeit mit dem 1888 gegründeten Verein für

Marianne Hainisch, um 1885

erweiterte Frauenbildung sowie dem 1893 gegründeten Allgemeinen Österreichischen Frauenverein insbesondere gegen die Einstellung, dass Mädchen einen „der Fraueneigenart angepassten eigenartigen Unterricht" erhalten müssten – was diametral ihrer Ansicht von Gleichberechtigung widersprach. Sie wollte denselben Unterricht und dieselbe Hochschulzulassung für Mädchen wie für Knaben. Doch noch 1890 lehnte das Abgeordnetenhaus eine entsprechende Petition ab, sodass sich Hainisch gezwungen sah, sich selbst um die Mittel zur Errichtung eines privaten Gymnasiums zu bemühen.

Ihr Traum wurde wahr, als ihr der Direktor des Wiener Pädagogiums, Emanuel Hannak, dessen Räumlichkeiten in der Hegelgasse überließ. Im Herbst 1892 wurde dort das erste Mädchengymnasium Österreichs eröffnet – mit Hannak als Direktor. Es trug die aufgezwungene Bezeichnung „Gymnasiale Mädchenschule" und übersiedelte 1910 in die Rahlgasse 4 im sechsten Wiener Gemeindebezirk, wo sich noch heute ein Gymnasium befindet – mit einem besonderen Schwerpunkt in Genderfragen. 1897, rechtzeitig für die ersten Absolventinnen, öffnete die Philosophische Fakultät in Wien ihre Hörsäle für Frauen, drei Jahre später die Medizinische, doch damit waren die Widerstände gegen Bildung für Frauen nicht abgeschafft. An der Juridischen Fakultät war man noch zwei weitere Jahrzehnte der Auffassung, dass die Gebärfähigkeit Frauen daran hindere, logisch zu denken, wodurch sie für das Jusstudium nicht geeignet wären. Doch auch das war nur weiterer Antrieb für Marianne Hainisch.

1902 gründete sie den Bund österreichischer Frauenvereine, dessen Vorsitz sie bis 1918 innehatte, und schloss diesen 1904 dem International Council of Women an, dessen Vizepräsidentin sie fünf Jahre später wurde. Sie arbeitete mit Bertha von Suttner (S. 28 ff) zusammen für die Friedensbewegung und war nach dem Ersten Weltkrieg in der

Fürsorge tätig. 1919 scheiterte sie mit ihrer Kandidatur für den Nationalrat, blieb aber weiterhin politisch tätig und gründete 1929 mit 90 Jahren noch die Österreichische Frauenpartei, um den „gerechten Forderungen" der Frauen Geltung zu verschaffen. 1924 war sie maßgeblich an der Einführung des Muttertages in Österreich beteiligt.

Marianne Hainisch spricht – vor einem Porträt von Kaiser Franz Josef I. stehend – auf einem Frauenkongress in Wien 1932.

Bei all ihren emanzipatorischen Bestrebungen blieb Marianne Hainisch jedoch immer ein Kind ihrer Zeit und ihrer Klasse: Gymnasium und Universität sollten nicht allen Mädchen offenstehen, sondern nur solchen „von entschiedener Begabung". Auch an der Rollenverteilung in Bezug auf Ehe, Mutterschaft und Familie hielt die bürgerliche Frauenkämpferin stets fest – nichtsdestotrotz ist sie eine der bedeutendsten Vorkämpferinnen für Frauenrechte in Österreich.

BERTHA VON SUTTNER

(1843–1914)

EINSATZ FÜR DEN FRIEDEN

Bertha von Suttner, geborene Kinsky von Chinic und Tettau, war eine hochmoderne Schriftstellerin, Politikerin, Journalistin, Feministin und Pazifistin. Als erster Frau und als erster Österreicherin wurde ihr für ihr entschlossenes Engagement 1905 der Friedensnobelpreis zugesprochen.

Geboren wurde Bertha von Suttner in Prag, das damals Teil der Habsburgermonarchie war. Väterlicherseits entstammte sie der Adelsfamilie Kinsky, doch ihr Vater, ein General, der die 50 Jahre jüngere Bürgerliche Sophie Wilhelmine geheiratet hatte, verstarb noch vor ihrer Geburt. Bereits in ihrer Jugend erlernte Bertha, ganz anders als die meisten jungen Damen ihrer Zeit, mehrere Sprachen, las Shakespeare, Goethe und Schiller ebenso wie die Feministin George Sand und reiste viel.

Da das Vermögen der Familie durch die Spielleidenschaft ihrer Mutter rasch aufgebraucht war, eine Ausbildung als Sängerin fehlgeschlagen war und Bertha zwei bereits geschlossene Verlobungen wieder aufgelöst hatte, verdingte sich die junge Gräfin Kinsky als Gouvernante bei dem Industriellen Freiherr Karl von Suttner in Wien. Dort unterrichtete sie die vier Töchter des Hauses, doch weil sie mit dem jüngsten Suttner-Sohn Arthur Gundaccar eine Liaison begann, wurde sie entlassen – im Gepäck jedoch eine Empfehlung für eine Stellung als Privatsekretärin von Alfred Nobel in Paris. Ihr Dienst für Nobel dauerte zwar nur acht Tage, doch diese kurze Zeit legte den Grundstein für eine lebenslange Freundschaft. Bertha kehrte nach Wien zurück, heiratete heimlich Arthur Suttner und floh mit ihm in den Kaukasus. Die jungen Eheleute bestritten ihren Lebensunterhalt mit Musik- und Französischunterricht, Reitstunden und Handelskorrespondenz, und Bertha begann, Fortsetzungsromane zu schreiben, die zunächst unter dem Pseudonym „B. Oulot" erschienen.

Friedensnobelpreisträgerin Bertha von Suttner, 1906

1885, nach dem Tod von Berthas Mutter und der Aussöhnung mit der Familie Suttner, kehrte das Paar nach Österreich zurück und lebte auf einem Gut der Familie in Harmannsdorf im Waldviertel. Ihr Tagebuch gibt Auskunft darüber, dass die fortschrittliche, liberale und antiklerikale Bertha unter den konservativen und engstirnigen Ansichten ihrer ländlichen Umgebung litt. Auch in ihren Schriften kritisierte sie immer wieder die traditionelle Mädchenerziehung, die „lernbegierigen Kinderköpfen Steine statt Nahrung" verabreichen würde. In diesem Punkt traf sich ihre Einstellung genau mit der von Marianne Hainisch (s. S. 26 f), die wie Suttner in der Frauenbewegung aktiv war. Suttner übernahm später auch den Vorsitz der Friedenskommission im 1902 von Hainisch mitbegründeten Bund österreichischer Frauenvereine.

Der Schwerpunkt von Berthas Tätigkeit lag jedoch auf dem Thema Frieden. Bereits 1889 schrieb sie ihr Hauptwerk „Die Waffen nieder!". Der packende Roman – er wurde in fast alle europäischen Sprachen übersetzt –

trug stark zur Verbreitung der Friedensidee in Europa und Amerika bei und machte die Autorin in der ganzen Welt bekannt. Diese Bekanntheit setzte sie für ihre Friedensbemühungen ein. Sie saß diszipliniert jeden Tag mehrere Stunden am Schreibtisch und schrieb Artikel, in denen sie sich gegen Nationalismus und Antisemitismus einsetzte. In ihrem antimilitaristischen Denken, ihrer nonkonformistischen Haltung, ihrem internationalen Engagement und ihrem ungebrochenen Utopismus haben Bertha von Suttners Ideen bis heute Gültigkeit.

1890 gründete Bertha von Suttner die Österreichische Friedensgesellschaft (seit 1964 Suttner-Gesellschaft), die sich der Verhinderung und Bekämpfung von Kriegen, der Erforschung seiner Ursachen sowie der Förderung pazifistischer Ideen und gewaltloser Lösungen für internationale Streitfragen widmete. 1904 nahm sie am Friedenskongress in Boston teil und bereiste anschließend die USA, wobei sie bis zu drei Vorträge am Tag hielt und sogar von Präsident Theodor Roosevelt ins Weiße Haus eingeladen wurde.

Die junge Bertha von Suttner, um 1886

Am 10. Dezember 1905 erhielt Bertha von Suttner für ihre unermüdlichen Bemühungen um den Frieden den von ihr selbst angeregten Friedensnobelpreis. In ihrer Dankesrede nannte sie drei zentrale Punkte, wie Konflikte zwischen Staaten ohne Gewalt überwunden werden könnten, und zeigte sich dabei fast prophetisch ihrer Zeit voraus: Sie forderte Schiedsgerichtsverträge, eine Friedensunion aller Staaten und eine internationale Institution, die als Gerichtshof im Namen der Völker das Recht vertrete. Privat ermöglichte ihr der hoch dotierte Nobelpreis, unbezahlte Rechnungen aus der Zeit vor dem Tod ihres Mannes zu begleichen.

Das furchtbare Scheitern all ihrer Friedensbemühungen musste die große Frau nicht mehr erleben. Sie erlag am 21. Juni 1914, nur eine Woche vor dem folgenreichen Attentat auf den österreichischen Thronfolger Franz Ferdinand, im Alter von 71 Jahren einem Krebsleiden. Medizinische Behandlungen lehnte sie ab, denn sie hätte in ihrem Leben bereits etwas geleistet und wenn ihre Zeit abgelaufen sei, so sollte es eben sein. Ihr Mitstreiter, Alfred Fried, überlieferte ihre letzten Worte: „Die Waffen nieder! ... Sag's vielen ... vielen!"

ADELHEID POPP

(1869–1939)

KÄMPFERIN FÜR FRAUENRECHTE

Die einfache Arbeiterin Adelheid Popp, geborene Dworschak, brachte sich selbst mühsam Lesen und Schreiben bei, wurde zur Chefredakteurin der Arbeiterinnen-Zeitung und eine der wichtigsten Vorkämpferinnen für Frauenwahlrecht, Frauenbildung und Frauenlöhne.

Als jüngstes von 15 Kindern erblickte Adelheid Dworschak in Inzersdorf bei Wien das Licht der Welt. Zehn Geschwister waren noch im Säuglingsalter verstorben und auch der Vater – ein Weber von Beruf und starker Alkoholiker, der Frau und Kinder misshandelte – starb, als Adelheid erst sechs Jahre alt war. Die Mutter war Analphabetin und musste ihre Kinder mit Wäschewaschen und Flickarbeiten unter großen Entbehrungen großziehen. Auch die kleine Adelheid trug schon früh zum Familienauskommen bei: Am Neujahrstag ging sie zu wohlhabenden Häusern, sagte ein Glückwunschsprüchlein auf und trug die erbeuteten Kreuzer in der Faust nach Hause. Auch bei prunkvollen Begräbnissen gab es ein paar Kupfermünzen zu verdienen, wenn man dem Sarg weinend folgte.

Nach nur drei Jahren Volksschule musste sich Adelheid als Fabrikarbeiterin verdingen. Bereits als 13-Jährige war sie aufgrund von Überarbeitung so schwer gesundheitlich geschädigt, dass man sie nach einem Zusammenbruch ins Krankenhaus einlieferte. Dort erlebte sie „die schönste Zeit ihres Lebens“: ein Bett für sich allein, saubere Wäsche, ausschlafen können, ausreichend zu essen. Doch nach vier Wochen war der „Luxus“ vorbei und sie musste zurück in die Fabrik: zwölf Stunden Elend, Ausbeutung und Demütigung, jeden Tag.

Die junge Arbeiterin fand Trost im Lesen, das sie sich selbst beigebracht hatte: Sie verschlang, was sie in die Finger bekam, und als sie durch ihren Bruder in Kontakt mit sozialistischem Gedankengut kam, las sie Klassiker wie Engels' „Die Lage der arbeitenden Klassen in England“ und kaufte sich statt Essen lieber die Arbeiter-Zeitung (vorher: „Gleichheit“), das Zentralorgan der sozialdemokratischen Bewegung. Da sich deren Aufrufe jedoch immer nur an Männer richteten, begann sie selbst, an ihrem Arbeitsplatz zu agitieren und Frauen anzusprechen. 1889 besuchte Adelheid in Begleitung ihres Bruders ihre erste Versammlung – als einzige Frau – und war von dem Redner, der über die kapitalistische Produktionsweise sprach, schwer beeindruckt. Es sollte noch ein wenig dauern, bis sie genügend Mut fasste, um selbst bei einer solchen Zusammenkunft zu sprechen.

Auslösendes Moment war schließlich, dass sich alles immer nur um „Männerleid und Männerelend" zu drehen schien, nie wurde über die Lage der Frauen gesprochen. Bei ihrem ersten großen Auftritt 1891 – sie gehörte damals bereits dem ersten Arbeiterinnenbildungsverein an – klärte sie die versammelten Männer darüber auf, warum nur neun Frauen gekommen waren. Sie sprach über die geistige Vernachlässigung der Frauen, forderte Aufklärung und

Die junge Adelheid Popp

Bildung für Frauen und bat die Genossen um ihre Unterstützung dabei. Ihre Rede schlug ein: Sie wurde aufgefordert, einen Artikel zu schreiben, was sie auch tat: Allerdings musste sie sich dazu erst mühsam Rechtschreibung und Grammatik beibringen. In der Folge entwickelte sich Adelheid zur begehrten Rednerin. Wenn sie vor einer Frauenversammlung sprach, konnte es sein, dass ein Dienstmädchen, das sich dort über Misshandlungen und sexuelle Belästigung beschwert hatte, seiner „Herrschaft" am nächsten Tag davonlief. Natürlich häuften sich die Beschwerden bei den Behörden und Adelheid erwarb sich einen Ruf als „gefährliche Aufwieglerin".

Adelheid erkämpfte sich auch innerhalb der Sozialdemokratie ihren Platz. 1892, mit 23 Jahren, wurde sie Redakteurin der von ihr mitbegründeten Wiener Arbeiterinnen-Zeitung, die damals noch als Beilage zur Arbeiter-Zeitung erschien. 1893 gründete sie gemeinsam mit Amalie Pölzer den Lese- und Diskutierclub Libertas – ausschließlich für Frauen, denn sie hatte schon früh erkannt, dass die Frauen auch in den Reihen der Arbeiterbewegung noch lange nicht als gleichberechtigt angesehen wurden. Immer wieder musste sie die Genossen an ihre Forderungen erinnern: gleicher Lohn für gleiche Arbeit, Frauenwahlrecht, Gleichberechtigung auch in der Familie.

1894 heiratete Adelheid ihren „idealen Mann", den 20 Jahre älteren Parteikassier Julius Popp. Mit ihm bekam sie drei Kinder,

Frauenreichskomitee 1917: Adelheid Popp sitzend, 2. von rechts

wobei sie noch drei Wochen vor der ersten Geburt an einem Parteitag teilnahm und dort wortgewandt die Interessen der Frauen verfocht: Emma Adler, die Ehefrau des legendären Parteigründers Victor Adler, hatte ihr geholfen, sich so zu kleiden, dass der „ästhetische Anblick nicht allzu schlimm" war. Die Ehe war von Anfang an gekennzeichnet vom Engagement des Paares für die Sozialdemokratische Partei, die ihrer politischen Tätigkeit alles andere unterordneten. Von den drei Kindern, die Adelheid Popp gebar, fiel ein Sohn im Ersten Weltkrieg, ein zweiter erlag der Grippe. Ihr Mann selbst starb 1902, nur acht Jahre nach der Eheschließung, was Popp in die Armut stürzte.

1898 rief sie die Frauenreichskonferenz ins Leben und wurde dort in das Frauenreichskomitee gewählt (später: Frauenzentralkomitee), 1902 gründete sie gemeinsam mit Therese Schlesinger – gegen den heftigen Widerstand ihrer eigenen Genossen – den Verein sozialdemokratischer Frauen und Mädchen.

Damit konnte sie viele Arbeiterinnen für die Bewegung gewinnen, die sich sonst nie in eines der Gasthäuser getraut hätten, wo die fast ausschließlich von Männern besuchten Parteiversammlungen abgehalten wurden. Bei ihren Vortragsreisen kam Adelheid in Kontakt mit den Größen der internationalen

Arbeiterbewegung: August Bebel holte sie in Zürich persönlich vom Bahnhof ab, Friedrich Engels nannte sie „ein allerliebstes Wiener Fabriksmädel“ – man sieht, dass die emanzipatorische Einstellung auch bekannterer Genossen noch einiges zu wünschen übrig ließ. Um sich finanziell über Wasser zu halten, betätigte sich Adelheid Popp als Autorin. 1909 erschienen ihre Kindheitserinnerungen unter dem Titel „Die Jugendgeschichte einer Arbeiterin“. Das Buch wurde bereits im ersten Jahr dreimal aufgelegt und in der Folge in viele Sprachen übersetzt.

1918 wurde Popp in den Parteivorstand der SDAP und in den Wiener Gemeinderat gewählt, 1919 wurde einer ihrer Träume wahr: Zum ersten Mal durften alle Frauen in Österreich wählen. Adelheid war eine der acht weiblichen Abgeordneten im ersten Nationalrat der jungen österreichischen Republik, darunter sieben Sozialdemokratinnen und eine Christlichsoziale (s. Kasten S. 45). Ihre politischen Forderungen waren der Zeit weit voraus: Karenzzeit für Mütter, Errichtung von Entbindungsanstalten, Gleichstellung der Frauen in der Ehe und im Beruf und sogar eine Art Quotenregelung.

1933 legte Adelheid Popp ihr Mandat aus Altersgründen zurück, kurz nach ihrem 65. Geburtstag 1934 wurden alle sozialdemokratischen Organisationen verboten. Im März 1939 erlag sie einem Schlaganfall.

FRAUENWAHLRECHT ALS MENSCHENRECHT

Seit Olympe de Gouges 1791 im Zuge der Französischen Revolution die Erklärung der Rechte der Frau und Bürgerin proklamiert hatte, forderten Frauen in ganz Europa das Wahlrecht. Sie mussten mehr als 100, teilweise sogar über 150 Jahre warten:

Jahr der Einführung des Frauenwahlrechts (Auswahl):

1906	Finnland
1913	Norwegen
1915	Dänemark, Island
1918	Deutschland, Lettland, Luxemburg, Österreich, Polen
1919	Niederlande
1921	Schweden
1928	Vereinigtes Königreich
1931	Spanien
1944	Frankreich
1945	Bulgarien, Slowenien, Ungarn
1946	Italien
1948	Belgien
1952	Griechenland
1971	Schweiz
1984	Liechtenstein

Rosa Jochmann an ihrem 90. Geburtstag, dem 3. Juli 1991

ROSA JOCHMANN

(1901–1994)

DEM UNRECHT DIE STIRN BIETEN

Rosa Jochmann überlebte die Konzentrationslager der Nazis, setzte sich als Sozialdemokratin für Frauen und Frieden ein und engagierte sich als Aufklärerin gegen den Faschismus: Nie zusehen, wenn Unrecht geschieht.

Rosa Jochmann entstammt einer tschechischen Arbeiterfamilie: Der Vater war Eisengießer, die Mutter Wäscherin. Die Wohnung ihrer Eltern öffnete sich zu einem auf Wienerisch „Pawlatschen" genannten Gang, wo sich Wasser und Toilette befanden. Kaltes Wasser, das bei der „Bassena", einem schmiedeeisernen Wandbrunnen, gezapft wurde. Wenn die Eltern frühmorgens aus dem Bett stiegen, legten sich sogenannte „Bettgeher" in die noch warmen Laken. Die paar Groschen der Schichtarbeiter sollten zum Auslangen der Familie beitragen.

Rosa war das vierte von sechs Kindern und wuchs in Simmering auf. Sie war erst 14 Jahre alt, als ihre Mutter starb, und wenige Jahre danach auch ihr Vater – nun war es an ihr, für die Familie zu sorgen. Obwohl sie davon geträumt hatte, Lehrerin zu werden, wurde sie nun Arbeiterin in der Fabrik Schmidt und Söhne. Eine Bekannte hatte ihr geraten, dort um Arbeit anzufragen, weil sie dann Schokolade und Zuckerl essen könnte – Rosa landete jedoch in der Senfabteilung.

Von ihrem Vater hatte sie die Leidenschaft für das politische Engagement mitbekommen – sie trat der Gewerkschaft bei und wurde bereits mit 20 Jahren zur Betriebsratsobfrau gewählt, nun in der Firma Auer (Glühbirnenherstellung). Sie kämpfte für die Rechte der Arbeiterinnen, gerechten Lohn und bessere Arbeitsbedingungen. Bedingungslos stand sie stets auf der Seite der Unterdrückten, der Rechtlosen, der Ärmsten – und dieser Einstellung sollte sie ihr Leben lang treu bleiben. Durch ihr politisches Wirken lernte sie die Ikonen der Sozialdemokratie kennen: Robert Danneberg, Friedrich Adler, Otto Bauer, Karl Renner, um nur einige zu nennen, waren ihre Lehrer an der Arbeiterhochschule. 1932 wurde Jochmann zur Frauenzentralsekretärin und in den Bundesvorstand der Sozialdemokratischen Partei gewählt.

Nach den Februarkämpfen 1934, in deren Folge die sozialdemokratischen Organisationen vom austrofaschistischen Regime verboten wurden, schloss sie sich den (illegalen) Revolutionären Sozialisten an. Noch im selben Jahr wurde Jochmann zum ersten Mal verhaftet und zu einem Jahr Kerker verurteilt. Das konnte sie jedoch nicht davon abhalten, weiter im Untergrund politisch tätig zu sein – so hielt sie zum Beispiel den Kontakt zu Otto Bauer in dessen tschechischem Exil aufrecht.

Nach dem Einmarsch der Nationalsozialisten im März 1938 wurde Rosa Jochmann im August 1939 von den Nazis verhaftet und 1940 mit dem Vermerk „Rückkehr unerwünscht“ in das Frauenkonzentrationslager Ravensbrück verschleppt. Als „Blockälteste“ setzte sie sich mutig für ihre Mitgefangenen ein, wobei weder deren politische Gesinnung noch Herkunft oder Religion für sie eine Rolle spielte. Das Lager wurde Ende April 1945 von der sowjetischen Armee befreit, doch Jochmann weigerte sich zu gehen: Sie wollte diejenigen, die zu schwach waren, nicht zurücklassen. Als jedoch klar wurde, dass aus Wien keine Hilfe kommen würde, machte sie sich mit ihrer Lagergefährtin Friedl Sedlacek auf den Weg, um in Wien Fahrzeuge zu organisieren, mit denen die beiden nach Ravensbrück zurückkehrten, um die verbliebenen Österreicherinnen nach Hause zu holen.

In zahlreichen politischen Funktionen setzte sie sich nach dem Ende des Zweiten Weltkrieges für Frauen, Frieden und gegen den Faschismus ein. Bis 1967 war Jochmann Mitglied des Parteivorstandes der SPÖ, Frauenzentralsekretärin und Abgeordnete zum Nationalrat. Zudem war sie Vorsitzende des Bundes Sozialistischer Freiheitskämpfer und Opfer des Faschismus sowie Vizepräsidentin des Dokumentationsarchivs des Österreichischen Widerstandes.

Stets blieb sie ein politischer Mensch. Nach ihrer offiziellen Pensionierung zog sie unermüdlich durch die Schulen, um den Jugendlichen von ihren Erlebnissen unter den Nationalsozialisten zu erzählen. Auch die Autorin dieses Buchs hatte das Glück, als Schülerin der weisen Frau lauschen zu dürfen – ein prägender Moment. Mit den sehr persönlichen Erzählungen von grausamsten Misshandlungen ebenso wie von tiefster Hilfsbereitschaft angesichts des faschistischen Terrors veranschaulichte die gebrechliche alte Dame die schlimmsten und die besten Seiten des Menschseins und rührte damit die Herzen nicht nur ihrer jungen Zuhörer.

Ihre letzte öffentliche Rede hielt Rosa Jochmann am 23. Jänner 1993 auf dem Wiener Heldenplatz, als mit einem „Lichtermeer“ ein Zeichen gegen das „Anti-Ausländer-Volksbegehren“ der FPÖ gesetzt wurde. Sie verstarb nur ein Jahr danach und wurde in einem Ehrengrab auf dem Wiener Zentralfriedhof beigesetzt. In Simmering sind eine Gasse und eine Schule nach ihr benannt.

FREDA MEISSNER-BLAU

(1927–2015)

UMWELT- UND FRIEDENSAKTIVISTIN

Freda Meissner-Blau bei den Save The World Awards, 2009

Freda Meissner-Blau, Journalistin, Politikerin und erste Klubobfrau im Parlament, setzte sich eigenwillig, geistreich und eloquent für ihre Themen – Umwelt, Atomkraft und Frieden – ein.

Wer Freda Meissner-Blau in den 1980er-Jahren im Fernsehen sah, erblickte eine elegante, schlanke Frau mit grauweißem, gestyltem Haar – eine Dame in der besten Bedeutung dieses Wortes. Den meisten ÖsterreicherInnen begegnete sie zum ersten Mal im Rahmen der Berichte über die Besetzung der Hainburger Au, dem auslösenden Moment für das breite Erstarken der Grünbewegung in Österreich. Damals, im Dezember 1984, versuchten Studierende und andere AktivistInnen, den Bau eines Kraftwerks in den Donauauen zu verhindern, indem sie bei winterlichen Temperaturen in Zelten vor Ort übernachteten, um sich morgens friedlich vor Bagger und Bautrupps zu stellen. Gemeinsam mit dem Journalisten Günther Nenning und dem Künstler Arik Brauer stand Freda Meissner-Blau an der Spitze dieser Bewegung, stärkte mit flammenden Appellen den Widerständischen den Rücken, während sie gleichzeitig mit Bundeskanzler Sinowatz das Gespräch und die Einigung suchte. Der Ausgang der Geschichte ist bekannt: Der Nationalpark Donau-Auen reicht heute von Wien bis an die slowakische Staatsgrenze und ist geschützter Lebensraum für zahlreiche, teils gefährdete Tier- und Pflanzenarten.

Freda Meissner-Blau brachte eine engagierte Vergangenheit mit. Sie war bereits durch ihren Kampf gegen das Atomkraftwerk Zwentendorf, das 1978 durch eine Volksabstimmung verhindert wurde, landesweit bekannt geworden. Doch schon als Schülerin hatte sich ihr rebellisches Herz bemerkbar gemacht: In der zweiten Klasse musste sie die Volksschule in Linz verlassen, weil sie es nicht ertrug, ständig in die Kirche geführt zu werden und mit den Händen am Pult still dasitzen zu müssen. Die neue Schule lag dann in einem Arbeiterviertel, wo sie deren Elend kennenlernte: Sie tauschte ihre Wurstsemmeln gegen grobkörnige Schmalzbrote.

Geboren in Dresden, verbrachte Freda Meissner ihre ersten drei Lebensjahre im Heimatort ihrer Mutter in Nordböhmen. 1938 zog die Familie nach Wien. Nur ein Jahr später emigrierten die Meissners nach England, weil sich der Vater als Journalist gegen das NS-Regime eingesetzt hatte. Nach der Scheidung ihrer Eltern kehrte Freda mit ihrer Mutter nach Böhmen zurück.

Nach den Kriegswirren studierte sie in Wien Journalistik und Publizistik, ließ sich in England zur Krankenschwester ausbilden und heiratete in Frankfurt

Sternmarsch gegen das Donaukraftwerk Hainburg, 1984, mit Freda Meissner-Blau (Mitte)

Georges de Pawloff. Mit ihm lebte sie mehrere Jahre im Kongo und dann in Paris, wo sie für die UNESCO arbeitete und Angebote über die Errichtung von Atomkraftwerken übersetzte: Dabei setzte sie sich intensiv mit den damit verbundenen Risiken auseinander und wurde zur Atomkraftgegnerin.

1962 übersiedelte sie mit ihrem Mann und ihrem ersten Sohn nach Wien, wo sie zur Generalsekretärin des neu gegründeten Instituts für Höhere Studien (IHS) wurde und 1963 Zwillinge zur Welt brachte. 1968, als die Familie wieder in Paris lebte und die dortigen Studentenunruhen hautnah miterlebte, zerbrach die Ehe, auch aufgrund von politischen Meinungsverschiedenheiten. Zwei Jahre später heiratete Freda den ehemaligen Chefredakteur der Arbeiter-Zeitung, Paul Blau. Ab 1972 lebte das Ehepaar wieder in Wien.

Zu dieser Zeit erstarkte das Bewusstsein für die Erhaltung der Umwelt und die Gefahren der Atomkraft in vielen europäischen Ländern, so auch in Österreich. Freda Meissner-Blau gehörte zu den führenden Köpfen beider Bewegungen. So war es nur logisch, dass sie als Vertreterin dieser neuen Inhalte als Kandidatin bei den Präsidentschaftswahlen 1986 gegen Kurt Steyrer (SPÖ) und Kurt Waldheim (ÖVP) antrat. Mit den beachtenswerten 5,5 Prozent, die sie errang, zwang sie die beiden Herren in eine Stichwahl. Gestärkt durch diesen Achtungserfolg gelang der grünen Bewegung mit „FMB“, wie die Spitzenkandidatin salopp genannt wurde, 1986 der Einzug in den Nationalrat, wo sie von den acht grünen Abgeordneten zur ersten Klubobfrau des Landes gewählt wurde. Doch sie war in ihrer Seele Aktivistin, das professionelle Taktieren der Machtpolitik lag ihr nicht.

Aufgrund von heftigen Zerwürfnissen im Klub legte sie ihr Mandat bereits zwei Jahre später völlig überraschend nieder, blieb aber weiterhin politisch aktiv, wobei sie sich insbesondere für Umwelt und Frieden sowie gegen AusländerInnenfeindlichkeit und Intoleranz einsetzte.

Die Konsolidierung der zuvor zersplitterten grünen Bewegung zählt ohne Zweifel zu Meissner-Blaus großen Verdiensten. Ihr Verhältnis zu den Grünen als Partei blieb – wegen deren „Drang zur Macht“ in einzelnen Landesregierungen – ambivalent, ausgetreten ist sie jedoch nie. Für ihr Lebenswerk erhielt sie den Käthe-Leichter-Preis sowie den Nuclear-Free-Future-Award. 1999 hatte sich die große Kämpferin einer Herztransplantation unterziehen müssen. Im Dezember 2015 hörte auch dieses zweite Herz auf zu schlagen.

JOHANNA DOHNAL

(1939–2010)

IKONE DER FRAUENPOLITIK

Johanna Dohnal gilt als Ikone der österreichischen Frauenpolitik. Ihre „Vision des Feminismus" war nicht „eine ‚weibliche Zukunft'". Es war „eine menschliche Zukunft. Ohne Rollenzwänge, ohne Macht- und Gewaltverhältnisse". Dafür stellte sie ein Leben lang die Interessen von Frauen in den Mittelpunkt.

Johanna Dohnal, geborene Dietz, entstammt einer „Dynastie unehelicher Mütter", wie in ihrer Biografie zu lesen ist. Da ihre Mutter arbeitete und an TBC litt, wuchs sie bei ihrer Großmutter in bescheidensten Verhältnissen auf. Die resolute Frau mit dem barschen Umgangston gab ihrer Enkelin entscheidende Dinge mit auf den Lebensweg: Kritikfähigkeit, solidarisches Verhalten und die Liebe zu Büchern. Nebst einem großen Fundus an wienerischen Schimpfwörtern.

Nach einer Lehre als Industriekaufmann heiratete Johanna 1957 den Chauffeur Franz Dohnal und träumte – wie alle jungen Frauen damals – von einer Familie mit zwei Kindern. Die bekam sie ebenso wie die ersehnte Gemeindewohnung in Wien. Bereits 1956 war sie der SPÖ beigetreten, weil sie schon früh selbst erlebt hatte, dass es auch in wirtschaftlich schlechten Zeiten nicht allen Menschen gleich schlecht geht. Das wollte sie ändern. Ihre ersten politischen Laufmeter absolvierte sie, indem sie die Monatsbeiträge der Parteimitglieder persönlich kassieren ging und Kindernachmittage organisierte, bei denen sie selbst den Kasperl spielte. Die tägliche Lektüre der Arbeiter-Zeitung, die Tageszeitung der SPÖ, stärkte sie für die politischen Diskussionen ebenso wie Kurse in Rhetorik.

Eines ihrer Schlüsselerlebnisse war ein Spaziergang mit ihrem Mann kurz nach der Hochzeit, bei dem sich dieser über fehlende Knöpfe an seinem Hemd beschwerte. Johanna, die in einem unkonventionellen Frauenhaushalt aufgewachsen war und nie die traditionelle Rundumversorgung eines Ehemannes durch eine Ehefrau erlebt hatte, verweigerte die Versorgungsrolle: „Was gehen mich seine Knöpfe an?" ist folgerichtig auch der Titel ihrer Autobiografie.

1969 wurde Dohnal Bezirksrätin in Wien-Penzing und zwei Jahre später Bezirksfrauenvorsitzende. Damals hieß das noch „Obmännin". Frauenpolitik bestand auf Bezirksebene vor allem darin, Frauentagsabzeichen und die SPÖ-Frauenzeitung zu verkaufen und bis zum nächsten 1. Mai rote Nelken zu basteln. Auch das sollte sich unter Dohnal grundlegend ändern.

Johanna Dohnal bei einer Pressekonferenz, 1986

1972 begann sie als Frauensekretärin der SPÖ Wien in der Parteizentrale zu arbeiten, mitten in den Diskussionen um die Straffreiheit der Abtreibung. Aufgrund des Drucks von Frauen innerhalb und an den Rändern der Partei beschloss die SPÖ 1973 nicht die ursprünglich diskutierte Indikationenlösung, sondern die Fristenlösung, die es Frauen bis heute ermöglicht, eine Schwangerschaft innerhalb der ersten zwölf Wochen straffrei abzubrechen. Von dieser erfolgreichen Veränderungsstrategie blieb Dohnal zeitlebens überzeugt: Es braucht Druck von innen und von außen, um Verbesserungen für Frauen durchzusetzen.

Seit 1970 führte Bruno Kreisky eine SPÖ-Alleinregierung, die im Laufe der nächsten 13 Jahre Grundsteine der Frauenrechte beschließen sollte: Mit der Änderung des Familienrechts endete die Vorherrschaft des Mannes über seine Frau im eigenen Heim, das Gleichbehandlungsgesetz stellte Männer und Frauen in Kollektivverträgen gleich und erstmals wurden Karenzzeiten in den Pensionsanspruch eingerechnet.

Johanna Dohnal, mittlerweile Abgeordnete zum Wiener Gemeinderat, legte den Finger auch innerparteilich auf wunde Punkte und machte pointierte Formulierungen zu ihrem Markenzeichen. So bezeichnete sie die SPÖ als „Männerpartei", und in ihrem Büro prangte ein Plakat mit dem Foto einer Parlamentssitzung, auf dem lauter Männer zu sehen waren. Darunter stand: „Jeder zweite Abgeordnete ist eine Frau!" Berühmt geworden ist auch ihr Ausspruch: „Nur eine Frauenorganisation, die lästig ist, hat eine Existenzberechtigung." Immer wieder schlug ihr untergriffige Kritik nicht nur vom politischen Gegner entgegen. Die Medien verunglimpften sie als „Kreiskys Xanthippe", „Politikdragoner", „rote Riesin" (wegen ihrer Größe von 1,78 m) – ein bis heute gültiges Muster, um Frauen in der Politik abzuwerten: Nicht die Fähigkeiten werden kritisiert, sondern Psyche, Aussehen und Temperament.

1978 war sie Mitbegründerin jenes Vereins, aus dem das erste Frauenhaus hervorging, 1979 wurde sie von Bruno Kreisky in die Regierung berufen: als Staatssekretärin für allgemeine Frauenfragen im Bundeskanzleramt. Auf dem Briefpapier stand allerdings weitere zehn Jahre lang „Staatssekretär". Erst eine Dekade später machte es eine gesetzliche Änderung möglich, dass Amtsbezeichnungen in jener Form verwendet werden durften, die dem Geschlecht der Trägerin/des Trägers entsprach – ebenfalls eine Initiative von Dohnal.

Obwohl ihr kein eigenes Budget zur Verfügung stand, nutzte sie ihre Position, um institutionalisierte und freie Frauenorganisationen zur Zusammenarbeit zu bringen und machte ihr Büro zur zentralen Anlaufstelle für Frauenanliegen. Zu Dohnals Freude betraten damals erstmals junge Frauen in bunten Latzhosen, Turnschuhen oder indischen Flatterkleidern das Bundeskanzleramt – und brachten die hochehrwürdige Beamtenschaft dort zum Schnauben.

Konsequent sah sie Frauenpolitik immer als Querschnittsmaterie, ob es sich nun um Bildung, Finanzen, Soziales oder Wirtschaft handelte. In Sachen Schulpolitik forderte sie zum Beispiel die Integrierte Ganztagsgesamtschule, um Kindern aus benachteiligten Verhältnissen die gleichen Chancen zu bieten und gleichzeitig Frauen und Familien zu entlasten. Auch für eine Gruppe, die man nicht vorrangig zur Klientel der SPÖ zählen würde, erreichte Dohnal substanzielle Verbesserungen: Durch ihre Initiative erhielten Bäuerinnen, die zuvor leer ausgegangen waren, nun Wochengeld, Karenzgeld und eine eigene Pensionsversicherung. Doch das sind nur ein paar Einträge auf der langen Liste der Errungenschaften, die auf Dohnals taktische Klugheit und kämpferischen Nachdruck zurückgehen.

1990 wurde Johanna Dohnal unter Bundeskanzler Franz Vranitzky zur ersten Frauenministerin Österreichs ernannt. Als solche führte sie ihren Kampf für die Gleichstellung der Frauen bis 1995 weiter, und auch nach ihrem (nicht ganz freiwilligen) Rückzug aus der Regierungspolitik arbeitete sie mit NGOs, Frauenorganisationen und Gewerkschaften zusammen.

Auch im Privaten veränderte sich vieles. Die Ehe mit Franz Dohnal wurde 1976 geschieden, seit 1981 lebte Dohnal mit ihrer Lebensgefährtin, der SPÖ-Gemeinderätin Annemarie Aufreiter, zusammen. Doch der Kampf – und das jahrelange Rauchen – forderten ihren Tribut: Johanna Dohnal verstarb kurz nach ihrem 71. Geburtstag; ihre Urne wurde in einem Ehrengrab der Stadt Wien auf dem Zentralfriedhof beigesetzt.

UTE BOCK

(1942–2018)

FRIEDENSAKTIVISTIN UND FLÜCHTLINGSHELFERIN

Die Erzieherin, Flüchtlingshelferin und Menschenrechtsaktivistin Ute Bock stand für Tugenden wie Menschlichkeit, Solidarität und Zivilcourage.

Geboren in kleinbürgerlichen Verhältnissen im oberösterreichischen Linz, bewarb sich Ute Bock auf Anraten ihres von ihr selbst als „grausam" und „selbstherrlich" bezeichneten Vaters um eine Stelle bei der Gemeinde Wien und wurde 1962 als Erzieherin in das Heim für Sonderschüler in Biedermannsdorf (Niederösterreich) geschickt, wo auch ehemalige SSler als Erzieher arbeiteten – mit denselben Methoden, die sie in der Nazizeit angewendet hatten. Die Betten von Bettnässern wurden in die Mitte des Schlafsaals gerückt, ihnen die nasse Bettwäsche ins Gesicht gedrückt, und an den Wänden sei das Blut von den Ohrfeigen geklebt. Auch sie selbst habe „Detschn" (Ohrfeigen) ausgeteilt, bereute Ute Bock später, das wäre in Heimen und auch in den Familien damals gang und gäbe gewesen – was es aber nicht besser mache. Dieser Umstand wurde später von ihren Kritikern gegen sie verwendet und Bock als „Prüglerin" diskreditiert. Doch sie selbst ist das beste Beispiel dafür, dass Menschen fähig sind, zu lernen und sich zu verändern.

1967 wurde sie als „Heimmutter" in das Gesellenheim in der Zohmanngasse in Wien-Favoriten versetzt, wo sie 1976 zur Heimleiterin aufstieg. Dorthin schickte das Jugendamt im Lauf der 1990er-Jahre immer mehr ausländische Jugendliche, zunächst Flüchtlinge aus den Balkankriegen, später auch aus Afrika. Letztere standen während ihres Asylverfahrens oft ohne staatliche Unterstützung da. Bock versuchte, ihnen Deutschkurse und Jobs zu vermitteln. Wussten SozialarbeiterInnen oder FlüchtlingsbetreuerInnen nicht weiter, so schickten sie ihre Schützlinge „zur Bock". In der Zohmanngasse wurde niemand abgewiesen, egal, woher er kam.

Im Herbst 1999 wurde das Heim Ziel einer Razzia durch die Wiener Polizei: 30 afrikanische Flüchtlinge wurden wegen Verdachts auf Drogenhandel festgenommen, auch gegen Ute Bock wurde ermittelt. Für sie stellte diese Polizeiaktion einen Wendepunkt dar: Davor habe sie gedacht, die Menschen seien grundsätzlich anständig; danach wäre sie sich dessen nicht mehr so sicher gewesen. Ihrem Engagement tat das Erlebnis allerdings keinen Abbruch, im Gegenteil. Nach ihrer Pensionierung im Jahr 2000 organisierte Bock privat Wohngemeinschaften, die sie selbst von ihrer Rente und aus Spenden finanzierte.

Als Trägerverein gründeten sie und Michael Havel 2002 den „Verein Ute Bock – Wohn-

Ute Bock bei der Verleihung des Goldenen Verdienstzeichens der Republik Österreich, 2012

und Integrationsprojekt". Da war ihr Name bereits zur unverwechselbaren Marke der Menschlichkeit geworden. Zunächst stellte der Immobilienunternehmer Jörg Ulreich Übergangswohnungen zur Verfügung, darunter den ersten Vereinssitz in Wien-Leopoldstadt. Dort organisierte Bock einen Post- und Meldeservice für obdachlose Asylwerber, damit diese eine Zustelladresse für behördliche Schriftstücke hatten.

Als der Verein 2008 vor dem finanziellen Aus stand, sprang STRABAG-Chef Hans Peter Haselsteiner in die Bresche: Er kaufte das Haus in der Zohmanngasse für den Verein an, finanzierte die Renovierungsarbeiten und ermöglichte der betagten Vereinsgründerin eine Art Heimkehr: Bis zu ihrem Tod lebte Ute Bock in einer kleinen Wohnung im „Ute Bock Haus".
Es bietet rund 70 Flüchtlingen Unterkunft sowie Platz für Beratungseinrichtungen. Hauptsächlich von der FPÖ ventilierte Proteste von Anrainern nahm sie gelassen hin: Es gäbe viele, die ihre Angst abgelegt hätten, und bei ihr selbst wäre noch keiner gewesen, der sich über etwas aufgeregt hätte.

Spenden wurden auf kreative und jede erdenkliche Art und Weise gesammelt. Die wohl bekannteste Unterstützungsaktion war „Bock auf Bier": Dutzende Wiener Gastronomen kassierten zehn Cent Zuschlag auf Bier und leiteten das Geld an Bock-Einrichtungen weiter. Bei den Benefiz-Veranstaltungen der Reihe „Bock auf Kultur" spielten namhafte

Musiker, Schauspieler und Kabarettisten. Auf solche Art und Weise werden auch heute noch zahlreiche Initiativen unterstützt: „bockwerk" ist eine Ausbildungsstätte zur beruflichen Qualifikation, die im 2017 eröffneten „Ute Bock Bildungshaus" untergebracht ist. „Bockolino" ist ein Eltern-Kind-Café, wo Kinder hüpfen, klettern und spielen können, während sich ihre Eltern austauschen, und bei den „Büffelböcken" gibt es Nachhilfe, damit traumatisierte Kinder Lernrückstände aufholen können.

Für ihren Einsatz im Sinne einer menschlichen Asylpolitik erhielt Ute Bock zahlreiche Ehrungen, unter anderem den Bruno-Kreisky-Preis für Verdienste um die Menschenrechte und den Flüchtlingspreis des UNHCR. Der ehemalige Bundespräsident Heinz Fischer überreichte ihr 2012 das Goldene Verdienstzeichen der Republik für ihre „außergewöhnliche und unorthodoxe Arbeit", für die sie sich mit den Worten bedankte: „Ich habe einen Vogel. Aber es gibt viele Leute, die meinen Vogel unterstützen."

Im Jänner 2018 verstarb Ute Bock, die zeitlebens unverheiratet geblieben war, im Kreise ihrer Mitstreiter. Im Februar 2018 verabschiedeten sich rund 10 000 Menschen mit einem Lichtermeer auf dem Wiener Heldenplatz von der großen Helferin.

PIONIERINNEN DER POLITIK

1919 – Die ersten acht Frauen im Nationalrat der Ersten Republik: **Anna Boschek, Emmy Freundlich, Adelheid Popp, Gabriele Proft, Therese Schlesinger, Amalie Seidel und Maria Tusch** für die Sozialdemokratische Partei sowie **Dr. Hildegard Burjan** für die Christlichsoziale Partei.

1927 **Olga Rudel-Zeynek** (CS)
Erste Vorsitzende des Bundesrates

1945 **Helene Postranecky** (KPÖ)
Erste Staatssekretärin

1946 **Maria Rothschädl** (ÖVP)
Erste Bürgermeisterin

1951 **Ludovica Hainisch-Marchet** (parteilos)
Erste Präsidentschaftskandidatin

1966 **Grete Rehor** (ÖVP)
Erste Ministerin

1973 **Maria Hlawka** (SPÖ)
Erste Landtagspräsidentin

1996 **Waltraud Klasnic** (ÖVP)
Erster weiblicher Landeshauptmann

2006 **Barbara Prammer** (SPÖ)
Erste Präsidentin des Nationalrates

2019 **Brigitte Bierlein** (parteilos)
Erste Bundeskanzlerin

DIE UNTERNEHMERINNEN

Starke
FRAUEN
AUS ÖSTERREICH

ANNA SACHER

(1859–1930)

EXTRAVAGANTE HOTELCHEFIN

Die legendäre Hotelchefin Anna Sacher führte das noble Haus mit starker Hand und Extravaganz zu Weltruhm.

Wer das berühmte Hotel Sacher in der Wiener Philharmonikerstraße heute betritt, spürt noch immer den Charme einer vergangenen Epoche, der die Handschrift der Frau trägt, die wesentlich zu seinem Weltruhm beigetragen hat: Anna Sacher.

1880 hatte sich Eduard Sacher, der Sohn von Franz Sacher, dem Erfinder der weltberühmten gleichnamigen Torte, in die Fleischhauerstochter Anna Fuchs verliebt und sie geheiratet – ein wahrer Glücksgriff, wie sich herausstellen sollte. Eduard hatte ein paar Jahre zuvor das Hotel d'Opera mit Restaurant gleich hinter der Oper eröffnet, wo sich die Aristokratie der Monarchie, Mitglieder des Kaiserhauses und ausländische Würdenträger ein Stelldichein gaben. Tatsächlich weilte Kaiserin Elisabeth mitsamt Gefolge am 2. Juni 1881 im Garten des Etablissements. Hier wurde nicht nur auf allerhöchstem Niveau gespeist, sondern auch Politik gemacht, so manche Intrige geschmiedet und der neueste Klatsch ausgetauscht. Anna Sacher war in ihrem Element.

Als Eduard Sacher 1892 verstarb, kämpfte Anna darum, den Betrieb als sogenannten Witwenbetrieb weiterführen zu dürfen – erst 1891 war das Haus in „Hotel Sacher"

Anna Sacher, fotografiert von Madame d'Ora

ANNA SACHER

Anna Sacher mit Zigarre

umbenannt worden. Sie erlangte die Konzession ebenso wie das Recht, sich weiterhin „k. u. k. Hoflieferant" nennen zu dürfen. Von nun an leitete sie das noble Haus 40 Jahre lang – und wie! Elegant gekleidet, war sie stets gegenwärtig, um ihre Gäste zuvorkommend und taktvoll in Empfang zu nehmen, ohne unterwürfig zu sein. Immer wieder schaute sie persönlich an den Tischen vorbei, um sich nach dem werten Befinden zu erkundigen – und danach, ob es geschmeckt hatte, denn dank ihrer gastronomischen Kenntnisse erlangte auch die Küche Weltruhm. Berühmt ist auch ihr Tischtuch, auf dem sich die prominenten Gäste verewigten und sie die Namen persönlich nachstickte. Das Tuch ist heute noch im Sacher ausgestellt.

Bekannt war die resolute Hotelchefin vor allem für ihre Diskretion: Über die Vergabe der begehrten Separées entschied sie allein. Sie pflegte einen äußerst vertraulichen Umgang mit ihren Gästen, sie wusste alles, aber sie sagte nichts. Selten nur drangen Indiskretionen durch, die sich nicht mehr leugnen ließen, zum Beispiel die Affären von Erzherzog Otto, dem Vater des späteren Kaisers Karl: Eines Abends soll er splitterfasernackt mit nichts als dem Orden vom Goldenen Vlies bekleidet durch die Gänge des Sacher gelaufen sein. Angehenden Künstlern gewährte Anna Sacher bisweilen freien Mittagstisch, was ihr als Dank oft ein Kunstwerk einbrachte, und auch so manchem jungen Adeligen mit zu schmalem Portemonnaie erließ sie die Zeche – wohlwissend, dass sie sich damit die Kundschaft von morgen verpflichtete.

Ihre Leidenschaft für Zigarren war legendär und sie rauchte diese in aller Öffentlichkeit. Ebenso legendär ist auch ihre Liebe zu ihren Französischen Bulldoggen, die sie unter dem Zwingernamen „Dernier cri“ („Letzter Schrei“) selbst züchtete. An die 700 Hündchen, die sogenannten „Sacher-Bullys“, sollen auf diese Weise durch ihre Hände gegangen sein. Ihren Angestellten gegenüber zeigte sie sich großzügig: Es gab eine Art Krankenvorsorge und Wohnungsausstattung für Heiratende.

Das Hotel Sacher in Wien, um 1910

Während des Ersten Weltkrieges hielt Anna Sacher ihrer verarmten Klientel die Treue, auch wenn die Speisekarte kürzer wurde. Doch die Blütezeit des Unternehmens ging eindeutig dem Ende zu, auch wenn die Hotelleiterin mit dem Goldenen Ehrenzeichen der Republik ausgezeichnet wurde. Nur widerwillig stimmte sie etwa in den 1920er-Jahren einer Jazzkapelle zu, um das Haus an modernere Zeiten anzupassen, doch sie selbst blieb einfach ein Kind der Monarchie. 1929 zog sich Anna Sacher aus der Hotelleitung zurück. Anlässlich ihres Todes 1930 – in ihrem Zimmer im Hotel Sacher – gaben ihr Tausende Wiener das letzte Geleit zum Dornbacher Friedhof.

Das Hotel wurde 1934 an die Familie Gürtler verkauft, in deren Besitz es sich bis heute befindet und die ebenfalls eine große Hausherrin hervorgebracht hat: Elisabeth Gürtler-Mauthner, die das Haus ab 1990 führte und die Leitung 2015 an ihre Tochter Alexandra Winkler übergab (zusammen mit deren Bruder und deren Mann). Das Hotel Sacher, so scheint es, braucht für den Erfolg eine weibliche Hand.

MARIA SCHAUMAYER

(1931–2013)

HÜTERIN DER FINANZEN

Die resolute Politikerin und Fachfrau in Sachen Wirtschaft und Finanzen, Maria Schaumayer, wurde weltweit die erste Frau an der Spitze einer Notenbank.

Strebsam war sie schon immer: Realgymnasium mit Auszeichnung abgeschlossen, Wirtschaftsstudium in Wien in kürzester Zeit und mit Auszeichnung absolviert und als Draufgabe noch ein juristisches Doktorat in Innsbruck erlangt – Maria Schaumayer war eine besondere Persönlichkeit und einer der wenigen Menschen, die in der Politik UND in der Wirtschaft erfolgreich tätig waren.

1931 in Graz geboren, sammelte die energische junge Frau nach ihrem Studium erste berufliche Erfahrungen ganz traditionell in der Wiener Creditanstalt. 1965 wurde sie von der ÖVP jedoch als amtsführende Stadträtin für Öffentlichen Verkehr und Energiepolitik in die Wiener Landesregierung berufen. Ihre Handschrift ist bis heute in der Bundeshauptstadt zu erkennen: Sie setzte sich für den Bau der U-Bahn ein, initiierte die Einbahnführung auf der Wiener Ringstraße und war verantwortlich für die Einrichtung der Verkehrsleitzentrale sowie für die Modernisierung der Wiener Stadtwerke.

Bis 1982 blieb sie Mitglied der Wiener Stadtregierung, widmete sich ab 1974 aber wieder verstärkt ihrer Karriere in der Wirtschaft. Sie wurde Vorstandsmitglied der Kommunalkredit AG, 1982 Finanzvorstand der ÖMV – und das zu einer Zeit, als Frauen in den Vorständen börsennotierter Unternehmen noch mit der Lupe gesucht werden mussten. Zur Orientierung: Selbst im Jahr 2018 waren unter den 186 Vorständen börsennotierter Unternehmen nur neun Frauen, das sind kümmerliche 4,8 Prozent.

1990 schlug schließlich ihre allergrößte Stunde: Sie wurde zur Präsidentin der Österreichischen Nationalbank ernannt und damit zur ersten Präsidentin einer Notenbank weltweit. Mit dem ihr eigenen trockenen Humor machte sie sich über diesen Umstand auch immer wieder lustig. Das gehörte zu ihrer Art, mit der „gläsernen Decke" umzugehen, die sie ihr ganzes Leben lang bekämpfte. Sie nannte sich selbst „Eisbrecherin".

Um Frauen bei der Karriere in Wissenschaft, Wirtschaft und Politik aktiv zu unterstützen, gründete sie 1991, zu ihrem 60. Geburtstag, die Dr. Maria Schaumayer Stiftung, die sie zum Großteil aus ihrem Privatvermögen finanzierte. Stiftungszweck war und ist es,

Maria Schaumayer, 1994

„Frauen Mut zu machen, vor allem akademische Führungspositionen selbstbewusst anzustreben“ – denn der Frauenanteil an den Hochschulprofessuren betrug damals auch nur schlappe drei Prozent. Hier förderte Schaumayer beherzte Pionierinnen, die den Weg für weitere Frauen ebnen sollten.

Als sie das Amt als Präsidentin der Nationalbank antrat, war erst im Jahr zuvor die Berliner Mauer gefallen und Europa erlebte durch den Zusammenbruch des ehemaligen Ostblocks eine ganze Reihe politischer Umbrüche. Schaumayer führte die österreichische Währung, den Schilling, mit ihrem Hartwährungskurs durch die „unruhigen Gewässer“, indem sie den Schilling eng an die deutsche D-Mark band. Als Österreichs Verhandlungen über einen EU-Beitritt zu einem erfolgreichen Abschluss gelangten, bereitete die Nationalbankpräsidentin das Haus auch auf die Integration in die europäische Wirtschafts- und Währungsunion vor und organisierte es von einem „Amt“ zu einem „Dienstleister“ um.

Bis zu ihrer Pensionierung 1995 blieb sie in dieser Funktion aktiv, doch auch danach wurden Maria Schaumayer heikle Aufgaben übertragen. So verhandelte sie für die Regierung Schüssel die Entschädigungen für ehemalige NS-Zwangsarbeiter und sorgte dafür, dass rund 132 000 Menschen eine Entschädigungszahlung erhielten.

2006 wurde Schaumayer als erste Frau zum Ehrenmitglied der Österreichischen Akademie der Wissenschaften ernannt, 2011 erhielt sie den Frauen-Lebenswerk-Preis der Republik Österreich. Mit ihrem Tod verlor Österreich 2013 eine der prägenden Persönlichkeiten der Zweiten Republik. Nach ihr benannt wurden ein Platz in Wien-Döbling sowie ein Habilitationsstipendium an der Wirtschaftsuniversität Wien.

PIONIERINNEN IN DER WIRTSCHAFT

Louise Piëch, geb. Porsche (1904–1999)
Die Tochter des genialen Autokonstrukteurs Ferdinand Porsche (Volkswagen) galt als toughe Geschäftsfrau, geschickte Strategin und großartige Autofahrerin. Nachdem sie in Wien Malerei studiert hatte, heiratete sie 1928 den Rechtsanwalt Anton Piëch und wurde Mutter von vier Kindern. Nach dem Krieg gründete sie gemeinsam mit ihrem Bruder Ferry die österreichische Porsche Konstruktionen GmbH – die ersten Porsche-Sportwagen entstanden. Das Unternehmen übersiedelte 1949 nach Salzburg und wurde Generalimporteur für Volkswagen. Als Anfang der 1950er-Jahre knapp hintereinander ihr Vater und ihr Ehemann starben, übernahm Louise den Salzburger Betrieb, baute ein weltweites Vertriebsnetz auf und legte so die Basis für die Entwicklung eines der erfolgreichsten Autohandelsunternehmen in Österreich. 1971 zog sie sich aus der Konzernleitung zurück, blieb aber Ehrenvorsitzende des Aufsichtsrates.

Hilde Umdasch (*1943)
Nach dem Tod ihres Vaters übernahm Hilde Umdasch 1990 die Leitung des Familienunternehmens Umdasch AG, in das sie bereits im Alter von 24 Jahren eingetreten war – nach Wirtschaftsausbildung und Sprachstudium. Der Konzern im Bereich der holzverarbeitenden Industrie war von ihrem Urgroßvater 1868 gegründet worden und ist mittlerweile in 70 Ländern weltweit vertreten. Damit wurde Umdasch zur ersten Frau an der Spitze eines Weltkonzerns mit Sitz in Österreich.

Elisabeth Stadler (*1961)
Geboren in Langenlois, studierte Elisabeth Stadler an der Technischen Universität Wien Versicherungsmathematik. 2014 kam sie zur Vienna Insurance Group, eine der größten Versicherungsgesellschaften des Landes. 2016 wurde sie vom Aufsichtsrat zur Vorstandsvorsitzenden des Konzerns mit insgesamt rund 25 000 MitarbeiterInnen in Zentral- und Osteuropa bestellt. Damit ist sie die erste Frau an der Spitze eines ATX-Unternehmens. Mittlerweile stehen ihr im Vorstand zwei weitere Frauen zur Seite.

In Genf wird 1949 der erste internationale Auftritt des Porsche 356 gefeiert, mit dabei Louise Piëch.

DIE KÜNSTLERINNEN

Starke FRAUEN AUS ÖSTERREICH

ROSA MAYREDER

(1858–1938)

VIELSEITIGE KÜNSTLERIN UND FRAUENAKTIVISTIN

Die vielseitige Künstlerin Rosa Mayreder, geb. Obermayer, wurde bekannt, weil sie sich weigerte, sich in ein Korsett einschnüren zu lassen – im wörtlichen wie auch im übertragenen Sinne.

Die Verweigerung des Korsetts im zarten Alter von 18 Jahren war ein geradezu revolutionärer Akt: In einer Zeit, in der gerade dieses Kleidungsstück den Inbegriff des Ideals einer züchtigen Frau darstellte, nannte Rosa es „ein Werkzeug der Beschränkung". Es abzulegen passte zu dieser unkonventionellen, vielseitig begabten jungen Frau.

Rosa Obermayer war die Tochter eines wohlhabenden Gastwirtes aus der Wiener Innenstadt mit seiner zweiten Frau. Von ihren zwölf Geschwistern beneidete sie vor allem die Brüder um deren Möglichkeiten zur Bildung und kämpfte um die Erlaubnis ihres Vater, an deren Griechisch- und Lateinstunden teilnehmen zu dürfen, die sie schließlich auch erhielt. Stricken, eine der Hauptbeschäftigungen bürgerlicher Mädchen, betrachtete Rosa hingegen als „Strafe Gottes". Sie beschäftigte sich mit Nietzsche und Schopenhauer und richtete sich im Dachstuhl des Sommerdomizils der Familie auf der Hohen Warte eine geheime Schreibstube ein. Geheim, weil sich so etwas für eine höhere Tochter nicht gehörte, und ihre Mutter hegte ohnehin schon die Befürchtung, dass ihr Spross ein „Blaustrumpf" – eine ganz und gar „unweibliche" Frau – bleiben würde. Dort begann sie schon mit 14 Jahren, Tagebuch zu schreiben – eine Gewohnheit, die sie mit kurzen Unterbrechungen bis zu ihrem Tod beibehalten sollte.

So wie Rosa legten auch andere Frauen ihr Korsett ab und trugen die weit geschnittene, bequeme „Reformkleidung", das äußere Zeichen der inneren Emanzipation. Rosas Eltern akzeptierten schließlich ihr Anderssein, doch einer ihrer Brüder, einige Jahre später im Kaffeehaus auf „diese Frau Mayreder" angesprochen, verleugnete sie: „Nein, ich kenne sie gar nicht."

1881 heiratete Rosa den Architekten Karl Mayreder, der für die Renovierung des Stubenviertels in Wien verantwortlich zeichnete und später Rektor der Technischen Hochschule wurde. Ihre Ehe war zunächst von einer schweren Fehlgeburt überschattet, nach der Rosa kinderlos blieb, und dann von Karls schweren Depressionen. Bis zu seinem Tod 1935 sollte er sich davon nicht mehr erholen. Rosa widmete sich geduldig seiner Pflege, auch wenn einige Zeitgenossen, darunter Karls Analytiker

Sigmund Freud, der Ansicht waren, dass Rosas feministisches Engagement für sein Leiden verantwortlich wäre. In ihren Tagebüchern erwähnt sie zwei außereheliche Beziehungen, die angeblich zwar schwärmerisch, aber platonisch blieben.

Während ihrer Ehe nahm Rosa Mayreder privaten Malunterricht, da Frauen zu dieser Zeit an öffentlichen Kunstschulen nicht zugelassen waren. Ihre Blumen- und Landschaftsbilder wurden 1891 im Künstlerhaus ausgestellt, auch an den Weltausstellungen in Chicago und St. Louis nahm sie teil. Sie wurde als erste Frau im Wiener Aquarellistenklub aufgenommen und verkaufte auch einige Bilder, was ihren Vater in Rage versetzte, weil es eine Frau aus gutem Hause nicht nötig hätte, Geld zu verdienen. Davon ließ sie sich aber nicht beirren.

Rosa Mayreder, 1927

1893 gründeten mehrere Frauen um Auguste Fickert den Allgemeinen Österreichischen Frauenverein. Zu dessen Zielen zählten unter anderem bessere Bildungs- und Berufschancen für Frauen, der Achtstundentag, das Frauenwahlrecht sowie Frieden und die Abschaffung der Prostitution. Dass Frauen sich damals nicht in politischen Vereinen betätigen durften, umgingen die Frauen im Vereinsalltag geschickt. Ab 1899 wurden Rosa Mayreder und Marie Lang Herausgeberinnen der Vereinszeitung Dokumente der Frauen, einer Publikation für die „freigesinnte, bürgerliche Frau“, in der Fragen der Politik, des Rechts, der Medizin und Ähnliches diskutiert wurden. Bald jedoch kam es zu derart heftigen Zerwürfnissen, dass Rosa ihre Herausgeberschaft zurücklegte und schließlich 1902 auch dem Verein den Rücken kehrte, um sich ganz der Schriftstellerei zu widmen.

Da sie in ihrer Jugend selbst künstlerisch tätig gewesen war, gründete Rosa Mayreder gemeinsam mit der Malerin Tina Blau und auf Initiative der Malerin Olga Prager 1897 den privaten Verein Kunstschule für Frauen und Mädchen. Dort konnten sich Frauen in Malerei, Grafik und Bildhauerei ausbilden lassen, während ihnen die Kunstakademie noch bis 1920 den Zutritt verweigerte. Der Verein blühte rasch auf, wurde 1926 in Wiener Frauenakademie umbenannt, aber im Zweiten Weltkrieg durch einen Bombentreffer zerstört.

Mayreders Hauptschriften „Zur Kritik der Weiblichkeit" (1905) sowie „Geschlecht und Kultur" (1923) zählen heute zu den wichtigsten Werken der ersten Frauenbewegung. Sie forderte eine Veränderung der patriarchalen Machtverhältnisse, die von gesellschaftlichen Normen bestimmt wären, und setzte sich explizit mit der weiblichen Sexualität auseinander.

Nach dem Ersten Weltkrieg war Rosa Mayreder Vorsitzende der Internationalen Frauenliga für Frieden und Freiheit. Zu ihrem 70. Geburtstag 1928 verlieh ihr die Stadt Wien die Ehrenbürgerschaft, doch da sich Rosa in einem Zeitungsartikel offen zu ihrem jüdischen Großvater bekannt hatte, wurde ihr nur ein einfaches Bürgerdiplom zugesandt. Die glühende Antifaschistin starb im Jänner 1938, zwei Monate vor Hitlers Einmarsch in Österreich.

HENRIETTE WILLARDT alias MISS SENIDE

(1866–1923)

SANFTE RAUBKATZENBÄNDIGERIN

Mit liebevoller Zuwendung brachte die sanfte Dompteuse Henriette Willardt alias Miss Senide wilde Tiere dazu, ihr aus der Hand zu fressen, ohne sie gleich zum Anbeißen zu finden.

Sicherlich hatten nur wenige Mädchen einen ungewöhnlicheren Berufswunsch als Henriette Willardt – und noch weniger Mädchen machten ihn auch tatsächlich wahr. Die erst 16-jährige Tochter einer Schaubudenbesitzerin im Wiener Prater hatte sich in den Kopf gesetzt, Löwenbändigerin zu werden, und setzte diesen Wunsch gegen den heftigen Protest ihrer Mutter in die Tat um. Das Domptieren wilder Tiere im Zirkus durch zarte weibliche Hand war in der zweiten Hälfte des 19. Jahrhunderts beim Publikum immer beliebter geworden. Ebenso war allerdings auch die Zahl der dabei zu Tode gekommenen Artistinnen enorm angestiegen. Das hielt Henriette nicht davon ab, selbst zur Dompteuse zu werden. Geboren in Hamburg, aufgewachsen im steirischen Mädcheninternat, ging

Miss Senide mit einem ihrer Leoparden, um 1905

sie mit 15 Jahren zu ihrer Mutter nach Wien und war sofort von den Raubtieren fasziniert, die man in den Pratermenagerien bestaunen konnte. In Hamburg erwarb sie zwei Berberlöwen, einen Bären und einen Leoparden, und bereits fünf Monate später, am 12. Dezember 1883, hielt sie im Zirkus Renz in Berlin ihren ersten Auftritt: Er wurde zur Sensation.

Natürlich waren junge Frauen in knappen Kostümen, die mit wilden Raubtieren eine Show auf engstem Raum vorführten, zugleich Attraktion und Nervenkitzel pur.

Die erst 17-jährige Henriette verblüffte jedoch mit einem sanften Leoparden, der sich ihr wie ein schnurrendes Kätzchen zu Füßen legte. Sie ließ sich von einem Löwen die Tatzen auf die Schultern legen und von einem anderen ein Stück Fleisch aus ihrem Mund schnappen, und das alles in einem nur zwei mal fünf Meter großen Schaukäfig. Das Publikum war begeistert.

Henriette Willardt nannte ihre Trainingsmethode die „sanfte Dressur". Sie verzichtete auf die Peitschen und glühenden Stangen, mit denen ihre männlichen Kollegen die armen Tiere drangsalierten, bis diese keinen anderen Ausweg mehr sahen als auf ein Podest oder durch einen brennenden Reifen zu springen. Henriette folgte dem Grundsatz von Carl Hagenbeck, dem legendären Gründer des gleichnamigen Hamburger Tierparks: Ein Tierbändiger habe vor allem Geduld, Selbstbeherrschung und eine scharfe Beobachtungsgabe mitzubringen. Dieser Ansicht war auch Miss Senide: Je geduldiger und gütiger sich ein Dompteur zeigte, umso mehr Vertrauen würden die Tiere zu ihm haben. Gepaart mit der nötigen Strenge – aus Sicherheitsgründen, versteht sich – und der genauen Beobachtung, damit auch kleinste Stimmungsschwankungen bei den Tieren bemerkt werden, erreiche man bei den Raubtieren weitaus mehr als durch die gewaltvolle Inszenierung „Mann gegen wilde Bestie". Und Henriette zeigte, dass dieser Ansatz funktionierte: Sie hätschelte und liebkoste ihre Tiere, die sich dabei als lammfromm erwiesen.

Zirkusdirektor Ernst Renz hatte der jungen Tierbändigerin zwecks besserer Vermarktung – Fräulein Henriette erschien ihm zu gewöhnlich – den exotisch klingenden Künstlernamen „Miss Senide" verpasst. Er blieb ihr ein Leben lang erhalten. Sie wurde für Gastspiele in Österreich, Portugal, Spanien, Frankreich und Belgien engagiert und eroberte die Herzen der Zuseher im Sturm. In die Zirkusgeschichte ging sie mit ihrem „Diner africain" ein: Bei diesem Meisterstück der Dressurkunst warf sie einem Panther ein Stück Fleisch zu, doch bevor dieser schlucken konnte, griff sie ihm – nur mit einer leichten Peitsche bewaffnet – in den Rachen und riss das Fleischstück wieder heraus. So etwas hatte es noch nie gegeben. Bei diesen und anderen Kunststücken ging es nicht immer ohne Blutvergießen ab, doch nicht umsonst war Miss Senide für ihren sanften Umgang mit den Raubtieren bekannt. Als sie von ihrem Lieblingslöwen Prinz bei einer Vorführung einmal schwer verletzt wurde, umarmte sie ihn und ließ sich von ihm das Gesicht ablecken. Er hätte sie mit seinen traurigen Augen um Verzeihung gebeten, gab sie in einem Bericht darüber an.

Ein anderes Mal fiel während einer Vorführung in Dublin das Licht in der Manege aus – just in dem Moment, als Miss Senide ihren Kopf in den Rachen einer Löwin gesteckt hatte. Das Tier erschrak und biss zu. Auch diesen Vorfall überlebte Henriette schwer verletzt, doch trotz der Narben an ihrem Hals trat sie schon nach kurzer Zeit wieder auf.

Wichtig war dabei wohl, dass ihr Gesicht nicht entstellt war. Denn auch wenn Tierbändigerinnen wie Miss Senide weibliches Selbstbewusstsein und Mut in einer Männerdomäne verkörperten, so gehörte die Attraktivität doch zu ihrem Hauptkapital. Eine entstellte Dompteuse hätte keine Engagements bekommen und ihre Existenz verloren.

Miss Senide tourte durch ganz Europa und kam bis nach Russland. 1894 gründete sie ihren eigenen Zirkus, mit dem sie Russland und Asien bereiste. Nach der Jahrhundertwende kehrte sie nach Wien zurück, wo sie schließlich das Geschäft ihrer Mutter übernahm. Kurz nach ihrem 57. Geburtstag starb die große Tierbändigerin 1923 in Wien und wurde neben ihrer Mutter auf dem Matzleinsdorfer Friedhof bestattet. Auf ihrem Grabdeckel liegt ein friedlich schlafender Löwe. Einer ihrer ersten zwei Berberlöwen ist heute noch im Pratermuseum in Wien zu bewundern – ausgestopft und völlig gefahrlos.

LUISE KOLM-FLECK

(1873–1950)

VIELSEITIGE FILMPIONIERIN

Die vielseitige Pionierin hatte das Medium Film im Blut: Luise Fleck beherrschte alle Schritte – vom Drehbuch über die Regie, das Licht, die Ausstattung bis zum Schnitt – als weltweit zweite Frau hinter der Kamera.

Die spätere Luise (auch: Louise) Kolm und noch spätere Luise Fleck wurde als Aloisia Veltee in ein künstlerisches Heim geboren. Ihr Vater war Pyrotechniker und hatte das „Stadtpanoptikum" am Wiener Kohlmarkt gegründet. Dort stellte er Wachsfiguren berühmter Persönlichkeiten aus und zeigte Stereoskopien sowie bereits im Herbst 1896 die ersten Filme. Diese waren wenige Minuten kurze Streifen, die das Publikum in Scharen anlockten und zum Staunen brachten. In der Kassa saß die junge Luise – und auch sie erlag der Faszination Film.

Gemeinsam mit ihrem ersten Ehemann, dem Fotografen Anton Kolm, gründete sie im Jänner 1910 die Erste österreichische Kinofilms-Industrie, unter Beteiligung ihres Bruders Claudius Veltée sowie des Laborgehilfen Jakob Fleck. Nur ein Jahr später gründeten die Kolms zusammen mit Fleck die Firma Wiener Kunstfilm, die anspruchsvollere Unterhaltungsfilme produzieren sollte und zur ersten größeren Filmproduktionsfirma der österreichisch-ungarischen Monarchie wurde.

Als Neuling hatte das Team keinen leichten Stand in der Filmindustrie. Österreich-Ungarn wurde damals von französischen, italienischen, deutschen und amerikanischen Filmproduktionen überschwemmt, und das Publikum war daran gewöhnt, ausländische Filme zu sehen. Dieser Umstand lieferte der jungen Filmfirma die Marketingstrategie: Sie stellte die Schönheit der Monarchie, die Verschiedenheit der Nationalitäten im Vielvölkerstaat, die Geschichte der Habsburger in den Mittelpunkt ihres Schaffens. Das sei „näher am Herz der Bürger". Bis Dezember 1912 wurden mehr als zehn Filme produziert. Luises Motto: „Wir machen einen schönen Film, denn wenn er mir gefällt und gut wird, dann gefällt er auch dem Publikum."

Trude Hesterberg in dem Film „Die kleine Sklavin", 1928, Regie: Luise Kolm-Fleck

Die ersten Produktionen waren kurze Dokumentationen aus Wien und dem Rest der Monarchie, etwa „Der Trauerzug seiner Exzellenz des Bürgermeisters Dr. Karl Lueger" oder „Der Besuch Kaiser Franz Josefs am Wiener Neustädter Flughafen", doch Luise setzte sich dafür ein, dass auch sozialkritische Themen filmisch behandelt wurden. Als Drehbuchautorin widmete sie sich insbesondere dem Schicksal von Frauen und den Geschlechterverhältnissen. Sie verfilmte Grillparzers „Ahnfrau" mit Stummfilmheldin Liane Haid ebenso wie Anzengrubers „Pfarrer von Kirchfeld" und legte damit den frühen Grundstein zu einem beliebten Filmgenre der Nachkriegszeit: dem Heimatfilm. Heute gilt Luise Fleck als erste Regisseurin Österreichs und als zweite weltweit – nur die Französin Alice Guy-Blaché stand schon etwas früher hinter der Kamera.

Die Kinematografische Rundschau lobte Luises Soloregiearbeit „Der Unbekannte" (1912) – dieser erste österreichische Krimifilm gilt heute leider als verloren. Eduard Sekler, der als Schauspieler damals in ihrer Produktionsfirma arbeitete, bezeichnete Luise Fleck als „Allroundtalent", das vom Drehbuch über die Regie bis zum Schnitt des Filmes alle Schritte beherrschte, während sich ihr erster Ehemann vornehmlich den Finanzen widmete. Nach dem Ende des Ersten Weltkrieges übersiedelte die Firma auf das Gelände der Meierei auf dem Rosenhügel – ein bis heute Film und Fernsehen gewidmetes Anwesen.

Nach dem frühen Tod Anton Kolms 1922 heiratete Luise 1924 ihren langjährigen Co-Regisseur Jakob Fleck. Das „Regieehepaar" lebte ab Mitte der 1920er-Jahre in Deutschland, wo sie für deutsche Produktionsgesellschaften zwischen 30 und 40 Filme produzierten und dabei den Wandel vom Stumm- zum Tonfilm mitvollzogen.

Nach der Machtergreifung Hitlers in Deutschland 1933 kehrte das Paar nach Österreich zurück, da Jakob Fleck Jude war und man sich hier sicher wähnte. Weit gefehlt – nach dem „Anschluss" Österreichs 1938 wurde Jakob ins KZ Dachau verschleppt, doch unter Aufbietung aller Kräfte schaffte es Luise, ihn 1940 von dort freizukaufen. Sofort begab sich das Ehepaar Fleck ins Exil nach Shanghai, wo 1941 die erste chinesisch-österreichische Coproduktion vor der Gründung der Volksrepublik China uraufgeführt wurde: „Söhne und Töchter der Welt" (1941).

Nach Kriegsende kehrten die Flecks nach Wien zurück, um ihr Comeback zu planen – was aber leider misslang. Luise verstarb 1950, Jakob drei Jahre danach. Im Lauf ihres Lebens drehte Luise Fleck als Regisseurin und Produzentin zwischen 150 und 200 Filme, leider sind davon nur 37 erhalten. Doch wer weiß, vielleicht taucht ja noch der eine oder andere verschollen geglaubte Streifen wieder auf, wie zum Beispiel „Die Ahnfrau" (1919), der 1990 in Brasilien mit portugiesischen Zwischentiteln entdeckt wurde.

Ihr zum Gedenken vergibt das Film-Frauen-Netzwerk FC Gloria seit 2018 den Luise-Fleck-Preis an junge Filmtalente.

KÜNSTLERINNEN DER MODERNE

Künstlerinnen prägten die Kunststile des 19. und 20. Jahrhunderts in bedeutendem Ausmaß mit. Obwohl ihnen die Tore der Akademie der bildenden Künste bis 1920 verschlossen waren, erteilten die Herren Professoren ihre teuren Privatstunden oft genau jenen Frauen, denen sie offiziell den Zutritt zu den Ausbildungsstätten verwehrten.

Die nachstehenden Frauen waren alle keine No-Names. Sie gewannen Staatspreise, stellten in renommierten Galerien aus, verkauften ihre Werke an private und öffentliche Stellen, wurden von KollegInnen geschätzt. So stammten in der von Gustav Klimt eröffneten Kunstschau 1908 ein Drittel der gezeigten Werke von Frauen – daran könnten sich heutige Ausstellungskuratoren ein Beispiel nehmen. Egon Schieles Neukunstgruppe hatte 1909 einen ähnlich hohen Frauenanteil. Die 1910 von der Vereinigung bildender Künstlerinnen organisierte Schau „Die Kunst der Frau" lockte 12 000 BesucherInnen in die Wiener Sezession. Innerhalb von nur 40 Jahren eroberten Frauen, denen bislang kaum eine andere gesellschaftliche Alternative geboten wurde als ein Leben als Hausfrau und Mutter, die Kunstszene in Wien.

Von vielen ist jedoch sehr wenig erhalten geblieben – und ihre Namen kannte bis vor Kurzem niemand mehr. Das Wissen darum verschwand in nationalsozialistischen Gaskammern und österreichischen Kellerarchiven. Erst langsam erhalten diese Künstlerinnen jenen Platz zurück, der ihnen schon lange gebührt.

Tina Blau-Lang (1845–1916) – Impressionistische Malerin
Friedl Dicker-Brandeis (1898–1944 in Auschwitz) – Malerin, Grafikerin, (Innen-) Architektin, Fotografin
Bettina Ehrlich-Bauer (1903–1985) – Malerin, Grafikerin, Schriftstellerin
Helene Funke (1869–1957) – Expressionistisch-kubistische Malerin, Grafikerin
Broncia Koller-Pinell (1863–1934) – Impressionistische, später expressionistische Malerin, Grafikerin
Teresa Feodorowna Ries (1874–1956) – Bildhauerin, Malerin
Ilse Twardowski-Conrat (1880–1942) – Bildhauerin
Olga Wisinger-Florian (1844–1926) – Impressionistische Malerin, Pianistin

DORA KALLMUS alias MADAME D'ORA

(1881–1963)

GRANDE DAME DER FOTOGRAFIE

Dora Kallmus war die Gesellschaftsfotografin der Reichen, Talentierten und Adeligen, die Modefotografin der Haute Couture und schließlich die schonungslose Dokumentarin Europas nach dem Holocaust.

Wer in Wien oder Paris vor 1938 etwas auf sich hielt, ließ sich von Madame d'Ora, wie sich die Künstlerin ab 1907 nannte, ablichten. „Machen Sie mich schön, Madame d'Ora", hieß folgerichtig eine ihrem Schaffen gewidmete Ausstellung im Wiener Leopoldmuseum 2018, und genau das tat die Fotografin: Sie staffierte ihre Modelle mit Hüten, Pelzen und Tüchern aus, riss sie auch optisch aus ihrem Alltag und schaffte es dabei, ihnen die Befangenheit vor der Kamera zu nehmen. Dadurch erhielten Menschen auf ihren Fotos bisweilen eine Ausstrahlung, die sie im wahren Leben gar nicht besaßen. D'Ora machte sie „schön".

Als junges Mädchen sah Dora Philippine Kallmus, Tochter eines wohlhabenden jüdischen Advokaten, bei einem Besuch in Nizza Ansichtskarten, fand an ihnen Gefallen, kaufte sich eine Kamera und begann selbst zu fotografieren. Sofort war ihr klar: Sie wollte Fotografin werden. Doch das war für eine Frau zu dieser Zeit schwierig: An der k. u. k. Lehr- und Versuchsanstalt für Photographie und Reproduktionsverfahren (heute „Die Graphische") in Wien durfte sie aufgrund einer Sondererlaubnis zwar die theoretischen Vorlesungen besuchen, nicht jedoch die Praxiseinheiten.

Dora musste nach Berlin gehen, um bei Nicola Perscheid, dem „Königlich Sächsischen Hofphotographen", Unterricht in Fotografie- und Retusche zu erhalten und vor allem „schauen und wieder schauen" zu lernen. Zurück in Wien eröffnete sie 1907 bereits unter ihrem Künstlernamen gemeinsam mit Arthur Benda das Fotoatelier Benda-d'Ora. Nach einer Ausstellung im renommierten Kunstsalon Heller 1909 wurde ihr Studio zur elegantesten und gefragtesten Adresse für künstlerische Porträts. Neben vermögenden Geschäftsleuten stellten sich auch Aristokraten und Künstler vor ihr Objektiv, ihre Fotografien wurden in zahlreichen Zeitungen und Zeitschriften veröffentlicht. Von ihr ablichten ließen sich unter anderem Maler Gustav Klimt, Muse Alma Mahler-Werfel, Designerin

Dora Kallmus mit ihrem Hund Penny, um 1925

Emilie Flöge, Salonnière Berta Zuckerkandl und Schauspieler Max Reinhard, um nur einige wenige zu nennen.

1916 erhielt sie einen ihrer berühmtesten Aufträge: Sie fotografierte die Krönung von Kaiser Karl I. zum König von Ungarn – wohl die letzte große Demonstration von Glanz und Pomp in der Habsburgermonarchie. Andererseits schockierte sie mit ihren lasziven Aufnahmen der halbnackten Berliner Ausdruckstänzerin Anita Berber 1922 das prüde Wien. Die „lasterhaften Bilder" trugen viel zur Mystifizierung dieser „Todesgöttin der Inflation" bei. Nach einem Auftrag des Modemagazins „Officiel de la Couture" eröffnete sie 1925 auch in Paris ein Fotoatelier. Sie fertigte Aufnahmen von Josephine Baker, Coco Chanel und Marlene Dietrich an, wurde Hauptfotografin des Schauspielers Maurice Chevalier und arbeitete für große Modehäuser wie Rochas, Lanvin und Chanel.

Beim Einmarsch der deutschen Truppen in Frankreich 1940 musste sie fluchtartig ihr Studio aufgeben und versteckte sich im Süden des Landes. Ihre Schwester, mit der sie in Paris zusammengelebt hatte, wurde deportiert und ebenso wie zahlreiche ihrer Verwandten von den Nazis ermordet.

Verändert kehrte Madame d'Ora 1946 nach Österreich zurück. Im Auftrag der Vereinten Nationen fotografierte sie namenlose Heimkehrer in Flüchtlingslagern in Wien und Salzburg. Langsam fand sie zwar auch wieder zur Gesellschaftsfotografie zurück und fertigte Porträts von Somerset Maugham, Yehudi Menuhin und Marc Chagall an. Doch die wirklich eindrucksvollen Werke dieser Phase sind jene Schlachthausfotos, die in Paris und Umgebung entstanden und bei denen sie auch die Farbfotografie einsetzte, um die verschiedenen Schattierungen der Farbe Rot herauszuarbeiten. Abgeschlagene Tierköpfe, tote Augen und blutige Organe stellten ihre künstlerische – und zutiefst ergreifende – Verarbeitung des Holocaust dar.

Infolge eines Autounfalls verlor Madame d'Ora 1959 ihr Gedächtnis und wurde pflegebedürftig. Sie verbrachte ihre letzten Lebensjahre in der Steiermark, wo sie 1963 verstarb.

MARGARETE SCHÜTTE-LIHOTZKY
(1897–2000)

ARCHITEKTIN UND ERFINDERIN DER EINBAUKÜCHE

Grete Schütte-Lihotzky, geborene Lihotzky, war Widerstandskämpferin, Kommunistin und begnadete Architektin – und wurde völlig zu Unrecht auf die „Frankfurter Küche“ reduziert.

Die 1897 in eine gutbürgerliche Familie geborene Margarete Lihotzky war die erste Frau, die 1915 an der k. u. k. Kunstgewerbeschule in Wien (heute: Universität für Angewandte Kunst) Architektur studierte – als eine der 40 Auserwählten aus 200 BewerberInnen und zu einer Zeit, wo Frauen noch nicht einmal wählen durften. Zu dieser Zeit glaubte niemand, dass irgendjemand eine Frau mit dem Bau eines Hauses beauftragen würde, allen voran ihr Vater, doch sie verfolgte ihren Traum: Bauen!

Ihr Professor, Oskar Strnad, erkannte ihr großes Talent. Er schickte sie im Rahmen eines Studentenwettbewerbs zur Planung von Arbeiterwohnungen in die dicht besiedelten Wiener Arbeiterbezirke, damit sich die junge Frau vor Ort ein Bild von der tristen Wohnsituation – und überhaupt: von der ihr bis dahin fremden Welt des Proletariats – machen konnte. Die soziale Einstellung, die sie sich angesichts des Elends dort aneignete, sollte ihr Leben prägen.

Durch die rege Wohnbautätigkeit im „Roten Wien“ der Zwischenkriegszeit eröffnete sich ein weites Betätigungsfeld für die junge Architektin. Nach einem Projekt zu einer Schrebergartensiedlung auf dem Schafberg arbeitete sie ab 1920 an der Wiener Siedlungsbewegung bei Stararchitekt Adolf Loos mit. Mit ihm verband sie bis zu seinem Tod 1933 eine enge Freundschaft. Sie entwarf den Prototyp einer Siedlungshütte, einen aus Holz gefertigten Würfel mit 4,5 Metern Seitenlänge, in dem sie unter perfekter Ausnutzung des Raumes alle notwendigen Einrichtungen unterbrachte. Diese Hütten dienten Tausenden obdachlosen Heimkehrern aus dem Ersten Weltkrieg als erste anständige Unterkunft.

Baustadtrat Ernst May holte Grete, wie sie gern genannt wurde, 1926 nach Frankfurt, wo sie Wohnungsgrundrisse nach rationellsten Kriterien einrichten sollte. Ihr später als „Frankfurter Küche“ berühmt gewordenes Konzept einer idealen Einbauküche sollte Hausfrauen die tägliche Arbeit erleichtern und unnötige Wege ersparen. Offenbar war man(n) der Ansicht, dass sie als Frau sich am besten mit der Planung von Küchen auskennen würde. Dabei hatte Lihotzky bis dahin, wie sie selbst angab, nie einen Haushalt geführt und nie gekocht. Umso mehr Vorstellungskraft und Einfühlungsvermögen muss die junge Frau gehabt haben, denn ihr Entwurf wurde innerhalb von nur fünf Jahren in rund 10 000 Wohnungen eingebaut und machte sie international bekannt. Dass ihr Schaffen später oft auf „die verdammte Küche" reduziert wurde, war ihr zeitlebens ein Ärgernis.

1930 ging sie mit Ernst May nach Moskau, unter der Voraussetzung, dass ihr Ehemann und Kollege Wilhelm Schütte, den sie 1927 geheiratet hatte, mitkommen durfte. In der Sowjetunion bestand großer Bedarf an Fachkräften zur Unterstützung des Wiederaufbaus, während in Deutschland Wirtschaftskrise und Arbeitslosigkeit herrschten. In Moskau leitete Grete die Planungsabteilung für Kinderanstalten, doch als unter Stalin ausländische Architekten vom Städtebau ausgeschlossen wurden, verließ das Ehepaar Schütte-Lihotzky 1937 Moskau und gelangte schließlich nach Istanbul. Dort schloss sich Grete, inzwischen Mitglied der (verbotenen) Kommunistischen Partei, dem Widerstand an. 1940 fuhr sie in geheimer Mission nach Wien, doch ihre Gruppe wurde verraten, 1941 von der Gestapo verhaftet und nach wochenlangen Verhören 1942 zum Tode verurteilt. Über die Gründe, warum sie im Gegensatz zu ihren Gefährten der Exekution entging, gibt es verschiedene Darstellungen – gefälschte Schreiben ihres

Margarete Schütte-Lihotzky, um 1935

Mannes, Einwirken der türkischen Regierung, Zufälle. Tatsächlich wurde sie in ein bayrisches Zuchthaus überstellt, aus dem sie 1945 von den Alliierten befreit wurde.

Zurück in Wien erhielt sie als Kommunistin kaum öffentliche Aufträge, denn die Wiener Sozialdemokratie, welche die Stadtregierung stellte, war strikt antikommunistisch eingestellt. Während sich Architekten, die auch für die Nationalsozialisten gearbeitet hatten, mit ihren Bauten Denkmäler setzen durften, wurden von ihr – der engagierten Kämpferin für Solidarität und Toleranz – nur wenige Entwürfe umgesetzt, darunter ein heute denkmalgeschützter Kindergarten am Kapaunplatz und das Globus-Verlagsgebäude für die Kommunistische Partei Österreichs, beide im 20. Bezirk in Wien, sowie das Volkshaus in Klagenfurt.

1951 trennte sich Grete von ihrem Ehemann. Sie plante Ausstellungen, war für die Friedensbewegung tätig und arbeitete als Beraterin für die DDR, Kuba und China. Für ihre Tätigkeit erhielt sie internationale Anerkennung, die ihr in ihrer Heimat erst spät zuteil wurde: 1980, im Alter von 82 Jahren, erhielt sie den Architekturpreis der Stadt Wien und in der Folge vier Ehrendoktorate österreichischer Universitäten. Die Überreichung des ihr zugesprochenen Ehrenzeichens für Wissenschaft und Kunst durch den damals amtierenden Bundespräsidenten Kurt Waldheim lehnte sie 1988 wegen dessen zweifelhafter Nazivergangenheit ab. Sie nahm es erst fünf Jahre später von dessen Nachfolger, Thomas Klestil, entgegen. 1993 widmete das Museum für Angewandte Kunst in Wien ihrem Schaffen die erste umfassende Gesamtausstellung.

Zu ihrem 100. Geburtstag tanzte sie 1997 einen kurzen Walzer mit dem Wiener Bürgermeister Michael Häupl. Sie starb wenige Tage vor ihrem 103. Geburtstag und ruht nun in einem Ehrengrab auf dem Wiener Zentralfriedhof.

HEDY LAMARR

(1914 - 2000)

SCHÖNE SCHAUSPIELERIN UND GENIALE ERFINDERIN

Geheimnisvolle Schönheit, erfolgreiche Schauspielerin und geniale Erfinderin: Hedy Lamarrs wechselhaftes Leben gäbe selbst ausreichend Stoff für Hollywood-Filme.

1914 als Hedwig Eva Maria Kiesler in eine wohlhabende jüdische Familie in Wien geboren, war sie schon als junges Mädchen heftig umschwärmt. Sie interessierte sich früh für Theater und Film, und als sie von ihren Eltern wegen eines Skandals – ein abgewiesener Liebhaber soll sich wegen ihr in den Kopf geschossen haben – aus Wien fortgeschickt wurde, konnte sie in Berlin bei niemand Geringerem als Max Reinhardt eine Schauspielausbildung absolvieren. Er bezeichnete sie als „das schönste Mädchen der Welt", was ihrem Karrierestart vermutlich nicht hinderlich gewesen ist.

Hedwig Kiesler spielte in Filmen mit Peter Lorre, Heinz Rühmann und Hans Moser und trat auch am Theater auf. Auf einen Schlag berühmt wurde sie allerdings wegen ihrer Mitwirkung in dem Kinofilm „Ekstase" 1933, der nicht nur Nacktszenen enthielt –

Hedy Lamarr, Werbefoto für den Film „Comrade X", 1940

so etwas hatte es schon vorher gegeben – , sondern vor allem die erste Großaufnahme eines Frauengesichts in sexueller Verzückung. Der Film wurde von der nationalsozialistischen Filmprüfstelle verboten und kam 1935 zensuriert unter dem Titel „Symphonie der Liebe" in die Kinos. Auch in den USA löste das „liberale Machwerk" eine Welle der Empörung aus, die zum Verbot führte. Hedys Eltern verließen entsetzt die Premiere, und obwohl Hedy gelobte, nie wieder aufzutreten, spielte sie schon bald danach die Zweitbesetzung für Paula Wessely als Kaiserin Elisabeth in der Operette „Sissy".

Die im Jahr 1933 geschlossene Ehe mit dem Waffenfabrikanten Fritz Mandl erwies sich als goldener Käfig und Katastrophe: Der eifersüchtige Ehemann ließ seine Frau streng überwachen und zeigte sie bei seinen geschäftlichen Besprechungen mit Waffenhändlern aus aller Welt wie eine Trophäe vor. Was das technisch interessierte Multitalent dabei an geheimen Details über neu entwickelte Waffensysteme mithören konnte, sollte sich allerdings später noch als sehr nützlich herausstellen.

Die Flucht aus der Ehe gelang Hedwig erst im dritten Anlauf, zunächst nach London, wo sie den mächtigen Studioboss von Metro-Goldwyn-Mayer, Louis B. Mayer, kennenlernte. Er nahm sie 1937 mit in die USA, gab ihr den neuen Namen (als Hommage an die Stummfilmdiva Barbara La Marr) und verpasste ihr das Image „Schönste Frau der Welt". Und tatsächlich verliehen die schlanke Figur, die marmorne Haut und das dunkle, gewellte Haar der Schauspielerin eine geheimnisvolle, elegante Aura, die beim Hollywood-Publikum offenbar einen Nerv traf.

Als Hedy Lamarr drehte die Wienerin Filme mit Größen wie James Stewart, Clark Gable, Spencer Tracy, Judy Garland, Bette Davis, Marlene Dietrich und Bob Hope, darunter der mehrfach Oscar-prämierte Streifen „ Algiers", die Kommunismus-Satire „Comrade X" und das Liebesdrama „White Cargo". Ihr kommerziell größter Erfolg war „Samson und Delilah" (1949), doch wirklich anspruchsvoll waren die meisten ihrer Rollen nicht. Dass sie häufig bloß als dekoratives Beiwerk diente, blieb der klugen Frau selbst nicht verborgen. Von ihr ist der Ausspruch überliefert: „ Any girl can be glamorous. All you have to do is stand still and look stupid."

(„Jedes Mädchen kann Glamour ausstrahlen. Du musst nur stillhalten und dumm dreinschauen." Übers. d. Autorin)

Die Jahre um und unmittelbar nach dem Zweiten Weltkrieg waren ihre erfolgreichsten, doch bisweilen fehlte ihr das Geschick bei der Auswahl ihrer Rollen: Die ihr angebotenen Hauptrollen in „Casablanca" und „Gaslight" lehnte sie ab – und verhalf auf diese Weise Ingrid Bergman zum Durchbruch. Wie viele Schauspielerinnen und Schauspieler in Hollywood litt Lamarr unter der physischen und psychischen Ausbeutung durch die Filmstudios. Und wie viele andere erhielt auch sie von ihrem Arzt – ihrem „Dr. Feelgood" – Pillen: zum Einschlafen, zum Aufwachen, gegen Depressionen ... Sie soll bis an ihr Lebensende tablettenabhängig gewesen sein.

Die Zahl ihrer Affären – ob echt oder zugeschrieben – soll legendär gewesen sein. Gesichert sind sechs Ehemänner und ebenso viele Scheidungen. Aus der Ehe mit dem Schauspieler John Loder stammten die Kinder Denise und Anthony. Eine Ehe zuvor hatte sie den Jungen James adoptiert. Ab 1950 verebbte ihre Karriere, 1958 drehte sie ihren letzten Film. Ihre letzten 20 Lebensjahre verbrachte sie zurückgezogen in Florida.

Ihr zweites großes Talent, ihre technische Begabung, nützte Hedy Lamarr, als sie 1940 gemeinsam mit dem Pianisten George Antheil – wie sie ein glühender Nazi-Gegner – an einem Problem tüftelte, das ihr schon einige Jahre zuvor als Gattin des Rüstungslieferanten untergekommen war: Wie kann man Torpedos fernsteuern, ohne dass der Feind die Möglichkeit hat, das Steuerungs-

Hedy Lamarr und Victor Mature in „Samson und Delilah", 1949

signal auszumachen und zu stören? Lamarr erinnerte sich an die Geheimpapiere aus den 1930er-Jahren und hatte die Idee, das Signal über mehrere Frequenzen zu verteilen. Die Synchronisierung des Signals zwischen Sender und Empfänger löste der Pianist. Gemeinsam reichten die zwei 1942 das Patent dafür ein. Es wurde damals jedoch von der US Navy, für die es eigentlich entwickelt worden war, nicht umgesetzt. Erst während der Kuba-Krise und im Vietnamkrieg kamen mit Frequency Hopping ausgerüstete Torpedos und Drohnen in größerem Umfang zum Einsatz.

Jahre später erinnerte man sich auch bei zivilen Anwendungen an das Prinzip, da war das Patent für die Erfindung aber schon längst abgelaufen. Heute ist es in nahezu allen Bereichen der Kommunikationstechnik ständig und weltweit im Einsatz. Jedes Mal, wenn wir unser Handy benützen oder unseren Laptop mit einem WLAN verbinden, könnten wir jener cleveren Frau gedenken, die eine der wichtigsten Grundlagen dafür ersonnen hat. Hedy Lamarr genoss nie einen finanziellen Vorteil aus ihrem Patent.

Was ihr blieb, waren immerhin symbolische Ehrungen: Lamarr erhielt 1998 die Viktor-Kaplan-Medaille des Österreichischen Patentinhaber- und Erfinderverbandes. Der Tag der Erfinder wird in Österreich, Deutschland und der Schweiz ihr zu Ehren an ihrem Geburtstag, dem 9. November, begangen und auch das „Hedy Lamarr Quantum Communication Telescope“ in Wien wurde 2014 nach ihr benannt. Die geniale Frau verstarb völlig zurückgezogen im Jahr 2000 in Florida, seit 2014 ruht ihre Urne in Wien am Zentralfriedhof – mit der Hälfte ihrer Asche. Die andere Hälfte hatten ihre Kinder auf Lamarrs testamentarischen Wunsch im Wienerwald verstreut.

STARKE FRAUEN IN THEATER & FILM

Paula Wessely (1907–2000) – Theater- und Filmschauspielerin; Mutter der Schauspielerinnen Christiane Hörbiger, Elisabeth Orth und Maresa Hörbiger
Vilma Degischer (1911–1992) – Theaterschauspielerin; „Königin der Josefstadt", „Sissis Schwiegermutter"
Erni Mangold (*1927) – Theater- und Filmschauspielerin; „Harold and Maude", „Arsen und Spitzenhäubchen", „Kottan ermittelt"
Romy Schneider (1938–1982) – Filmschauspielerin; „Sissi", „Die Spaziergängerin von Sanssouci"
Erika Pluhar (*1939) – Schauspielerin, Chansonniere, Autorin
Chris Lohner (*1943) – Sprecherin, Moderatorin, Autorin; „Bahnhofsstimme"
Karin Brandauer (1945–1992) – sozialkritische Regisseurin

CHRISTINE NÖSTLINGER

(1936–2018)

„EIN-MANN-BUCHSTABEN-FABRIK" MIT GROSSEM HERZ FÜR KINDER

Eine der wichtigsten Kinder- und Jugendbuchautorinnen des deutschen Sprachraums hätte eigentlich lieber Bücher illustriert: Christine Nöstlinger, geb. Draxler, schuf mehr als 150 Bücher, die kleinen Menschen großen Mut machen.

Eigentlich wollte sie ja gar keine Kinderbücher schreiben: Weil ihr zu Hause mit ihren zwei Kindern langweilig war, wollte sie ein Kinderbuch malen. Und da sie keine Geschichte vorliegen hatte, schrieb sie sich eben selbst eine. Allerdings kam die Geschichte bei ihren LeserInnen besser an als ihre Bilder. „Na schön!", dachte sie, „dann male ich halt nicht! Dann schreibe ich eben!"

Christine Draxler wurde als Tochter einer Kindergartenerzieherin und eines Uhrmachers geboren; als Sozialisten hatten beide Elternteile unter den Nationalsozialisten zu leiden. Sie beschrieb sich in ihren Erinnerungen als „wildes und wütendes Kind", wobei sie relativierend hinzufügte: „Wir (Anm.: ihre ältere Schwester Elisabeth und sie) waren die einzigen Kinder weit und breit, die daheim keine Watschen und keine Strafen bekamen. Da kann man leicht wütend und wild werden." Obwohl Christine zunächst Malerin werden wollte, studierte sie Gebrauchsgrafik an der Akademie für Angewandte Kunst in Wien. 1959 heiratete sie den Journalisten Ernst Nöstlinger.

1970 erschien Christine Nöstlingers erstes Kinderbuch, „Die feuerrote Friederike", zuerst noch von ihr selbst illustriert, später von einer ihrer beiden Töchter. Es revolutionierte die Kinderliteratur: Plötzlich wurde die Lebenswelt von Kindern aus der Sicht der Kinder thematisiert. Kinder wurden ernst genommen, als Romanfiguren, als GesprächspartnerInnen und als LeserInnen. Die Wirklichkeit wurde nicht beschönigt, sondern beschrieben, wie sie ist: mit verzwickten Familienverhältnissen, unsicheren Eltern, schwierigen Scheidungen, bösen Enttäuschungen, doofen Schulproblemen und vielem mehr. Unter ihren ProtagonistInnen waren einsame Kinder und unfaire KlassenkollegInnen ebenso wie nervende Mütter und spießige Väter.

Auch Nöstlingers eigene Jugend im Zweiten Weltkrieg, Mitläufertum und Alltagsfaschismus wurden thematisiert, zum Beispiel in „Maikäfer, flieg!" oder „Rosa Riedl Schutzgespenst". Trotzdem waren ihre Bücher keine „Problemromane", dazu hatte die Autorin zu viel Humor. Ihre Hauptfiguren

Christine Nöstlinger im Interview, 2016

finden kreative, spannende, ernsthafte oder lustige Lösungen für ihre täglichen Konflikte, denn Nöstlingers wichtigstes Anliegen war, Kindern Mut zu machen. Sie selbst war nie die „liebe Geschichtentante", sondern wirkte mitunter auch ein wenig „grantig" und gegen Ende ihres Lebens auch enttäuscht, vor allem über das Erstarken des Rechtsextremismus in Österreich. 1997/1998 war sie Ehrenvorsitzende von SOS Mitmensch. Sie sprach ungeschönt und direkt aus, was sie dachte, und blieb auch Kindern gegenüber im Wiener Dialekt.

Nöstlinger ließ die Menschen in ihren Büchern sprechen, wie ihnen der Schnabel gewachsen ist, und machte auch vor „Pfui-Wörtern" nicht Halt – in den verstaubten Anfängen der 1970er-Jahre ein undenkbares Vergehen für viele konservative Lehrer, die gegen diesen „Schund" wetterten. Doch in Nöstlingers Büchern geht es eben zu wie im Leben: Es gibt „Gatsch" (Matsch), „Powidltascherl" (eine österreichische Süßspeise) und auch die eine oder andere „Watschen". Ihre jungen LeserInnen finden ihre Bücher bis heute spannend und lustig, weil man sich das, was da passiert, so gut vorstellen kann. Das bekannteste Beispiel für Nöstlingers einfallsreichen Umgang mit der Sprache war die Hörspielserie „Dschi Dsche-i Dschunior". Darin gab der jüngste Spross der nur in Ansätzen beschriebenen – buschiger Schwanz, Zähne in Dreierreihen –, aber ganz sicher nicht menschlichen Familie „Wischer" allmorgendlich im Ö3 Wecker Weisheiten zum Tage von sich, mit Wortkreationen wie „schnuckerig", „herzanwärmend", „liebreich" und „windelweich vor Freude".

Die „Ein-Mann-Buchstabenfabrik" (Selbstbezeichnung) war nicht nur eine der größten Kinderbuchautorinnen der Welt, sondern auch eine der produktivsten: Sie schrieb mehr als 150 Romane, Gedichte und Erzählungen, Hör- und Fernsehspiele sowie Zeitungsartikel, nicht nur für Kinder, sondern auch für Erwachsene (zum Beispiel die Glossensammlung „Eine Frau sein ist kein Sport" oder der Mundartgedichtband „Iba de gaunz oaman Leit"). Viele ihrer Bücher wurden inzwischen verfilmt. Auch die Liste ihrer Ehrungen ist lang, doch zu den wichtigsten zählen der Nobelpreis der Kinderliteratur, der Astrid Lindgren Gedächtnispreis und die Hans Christian Andersen Medaille.

Ihre Botschaft fasste sie selbst in einem Interview für den ORF zusammen: „Gute Bücher geben der Welt einen Platz im Kind und dem Kind einen Platz in der Welt."

GROSSE SCHRIFTSTELLERINNEN

Marie von Ebner-Eschenbach

(1830–1916)
Schon als kleines Mädchen liebte und schrieb Ebner-Eschenbach Gedichte, doch für ihre Familie war dies etwas Sündhaftes. Sie gab nicht auf und schrieb mit Unterstützung von Franz Grillparzer viele Jahre lang erfolglos Theaterstücke, bevor sie im Alter von etwa 40 Jahren schlagartig mit ihren Erzählungen berühmt wurde. Den Durchbruch verdankte sie vor allem den „Dorf- und Schlossgeschichten", die ihre berühmteste Erzählung „Krambambuli" enthielten. Radikal und kritisch beschrieb sie in ihren Werken Lieblosigkeit, Dummheit, Gedankenlosigkeit, Arroganz und Unbildung, wobei sie weder bei Adel noch Klerus, Bürgern noch Bauern Gnade walten ließ. Aber auch Güte, Verzicht, Liebe und Glück fanden Eingang in ihre Texte. Als erster Frau wurde ihr 1900 das Ehrendoktorat der Universität Wien verliehen.

Bertha Eckstein-Diener – „Sir Galahad"

(1874–1948)
Die Wahl ihres Pseudonyms „Sir Galahad", dem reinsten Ritter aus König Arthurs Tafelrunde, zeugte vom Perfektionsstreben der Autorin, die einem extremen Schlankheitsideal huldigte. Bertha Diener war

zunächst mit dem Philosophen Friedrich Eckstein verheiratet und kam so in einen Kreis, dem auch die Frauenrechtlerinnen Therese Schlesinger, Marie Lang und Rosa Mayreder angehörten, doch sie verließ Mann und Sohn für eine heftige, aber schwierige Liaison mit einem Bankierssohn. Ihr Hauptwerk „Mütter und Amazonen" gilt als erste auf Frauen fokussierte Kulturgeschichte und wurde zum Klassiker der Matriarchatsforschung.

Mira Lobe (1913–1995)
Hilde Mirjam Rosenthal floh als Jüdin nach Palästina, wo sie den deutschen Regisseur Friedrich Lobe heiratete. Ab 1951 lebte sie in Wien, wo sie an die 100 Bücher verfasste, darunter „Das kleine Ich bin Ich", „Die Geggis", „Valerie und die Gute-Nacht-Schaukel" und „Die Omama im Apfelbaum". Ihre sprachkreativen Werke handeln von Toleranz, Zuneigung und Geduld gegenüber Schwachen. Sie wurden in mehr als 30 Sprachen übersetzt.

Marlen Haushofer (1920–1970)
In ihren Werken setzte sich die in Steyr geborene Haushofer mit weiblichen Lebenswirklichkeiten im bürgerlichen Milieu der 1950er- und 1960er-Jahre auseinander. Für ihr wichtigstes Werk, „Die Wand", erhielt sie 1963 den Arthur-Schnitzler-Preis. Es wurde jedoch wie ihre anderen Werke zunächst vergessen und erst durch die Frauenliteraturforschung in den 1980er-Jahren wiederentdeckt.

Ingeborg Bachmann (1926–1973)
Geboren in Klagenfurt, arbeitete Bachmann als Hörfunkredakteurin und verfasste elf Folgen der beliebten Hörfunkreihe „Radiofamilie". Für ihren ersten Gedichtband „Die gestundete Zeit" erhielt sie den Literaturpreis der Gruppe 47. In den 1950er-Jahren lebte Bachmann während ihrer Beziehung zu dem Schweizer Schriftsteller Max Frisch in Zürich und Rom. Die Ehe lehnte sie ab als „unmöglich für eine Frau, die ... denkt und selbst etwas will". Obwohl ihr Ruhm auf der Lyrik gründete, wandte sie sich immer mehr der Prosa zu. Ihre Geschichten gehören zu den frühesten feministischen Äußerungen in der deutschsprachigen Literatur der Nachkriegszeit. In ihrem einzigen vollendeten Roman „Malina" stellte sie dar, wie Frauen von der patriarchalen Gesellschaft verbogen und zerstört werden. Sie starb an den Folgen eines Brandunfalls. Seit 1977 wird in Klagenfurt der Ingeborg-Bachmann-Preis verliehen, einer der bedeutendsten deutschsprachigen Literaturpreise.

ELIZABETH T. SPIRA

(1942–2019)

ERZÄHLERIN UND AUFRICHTIGE PARTNERVERMITTLERIN

Eine der renommiertesten TV-Journalistinnen des Landes begleitete mehr als 20 Jahre lang Menschen auf der Partnersuche und ein Millionenpublikum sah zu. Dabei kam Toni Spira ursprünglich aus dem politischen Journalismus.

Elizabeth Toni Spira wurde als Kind jüdischer Emigranten im schottischen Glasgow geboren – ausgerechnet als „Christkind“, am 24. Dezember. Nach dem Decknamen ihres Vaters, der als Kommunist im Spanischen Bürgerkrieg gekämpft hatte, wurde die Tochter „Toni“ genannt, doch da die Schotten der Ansicht waren, dies wäre kein angemessener Name für ein Mädchen, wurde der Name der britischen Prinzessin vorangestellt: Elizabeth, mit „z“. Gerufen wurde sie so aber nie.

1946 – Toni war vier Jahre alt und hatte mittlerweile eine jüngere Schwester – kam die Familie auf Geheiß der KPÖ nach Wien zurück, womit einige der großen Lebensthemen von Toni Spira – Flucht, Jüdisch-Sein, politisches Bewusstsein – festgelegt waren. Der Vater diskutierte mit den Töchtern das Kommunistische Manifest, die Mutter ermahnte sie, jeden zu schlagen, der etwas gegen Juden sagte. Elizabeth nannte sich weiterhin „Toni“, wurde auch prompt vom Österreichischen Bundesheer zur Stellung einberufen und erschien vor Ort, weil sie das einfach lustig fand. Erst als sie Artikel für größere Medien schrieb, legte sie Wert darauf, dass die LeserInnen wussten, dass diese Zeilen von einer Frau stammten. So wurde sie unter ihrem Autorennamen „Elizabeth T. Spira“ bekannt.

Kurz inskribierte Spira an der Hochschule für Welthandel, doch da niemand ihren Protest gegen den antisemitischen Professor Taras Borodajkewycz unterstützte, verließ sie den Hörsaal und gleich auch die Hochschule. Ihr Publizistikstudium schloss sie mit einem Doktorat ab und arbeitete danach für das Wochenmagazin profil. 1973 ging sie zum ORF, wo sie im Redaktionsteam der Dokumentarfilmreihe teleobjektiv den Grundstein für ihre journalistische Karriere legte. Den Sendungsverantwortlichen Claus Gatterer bezeichnete sie mehrfach als ihren wichtigsten journalistischen Lehrmeister. „teleobjektiv“ berichtete über die Schwachen und Ohnmächtigen in der Gesellschaft. Hier verdiente sich Spira ihre ersten Sporen und drehte Reportagen über Roma, Ausländer und schließlich auch den

Abtreibungsparagraphen. Die Reportage wurde zum Medienskandal, Spira mit dem Rauswurf bedroht – zum ersten, aber nicht zum letzten Mal.

Informationsintendant Franz Kreuzer hatte die Idee, sie als Regisseurin mit den „Alltagsgeschichten" zu betrauen, einer neuen Sendereihe im Nachmittagsprogramm. Legendär wurden Reportagen wie „Die Donauinsulaner", „Am Würstelstand" oder „Das kleine Glück im Schrebergarten". Wieder eckte Spira an: Kurz nach der Präsidentschaftskandidatur von Kurt Waldheim 1986 drehte sie eine Reportage mit dem Titel „Am Stammtisch". Darin schwangen „einfache Bürger" und politische Amtsträger völlig ungehemmt am Wirtshaustisch antisemitische Reden und zeigten damit ungeschminkt die völlig unzureichend aufgearbeitete Nazi-Vergangenheit Österreichs. Die Sendung verschwand in einer Schublade und wurde erst 30 Jahre (!) später vom ORF ausgestrahlt.

Elizabeth „Toni" Spira präsentiert „Liebesg'schichten und Heiratssachen", 2015

Spira ging es nie darum, die Menschen bloßzustellen oder sich selbst hervorzutun. Sie verstand sich als Beobachterin, die verstehen wollte, wie „die Normalen" ticken. Herauslocken, was da ist, und manchmal auch ein wenig am schönen rot-weiß-roten Lack kratzen, meinte sie in einem ORF-Interview. Und dann hatte Kulturchef Wolfgang Lorenz die Idee zu den „Liebesg'schichten und Heiratssachen" – diese nach einer Posse von Johann Nestroy benannte TV-Partnervermittlung wurde ab 1997 im ORF ausgestrahlt. Hier konnten sich Menschen bewerben, von denen einige Auserwählte von Spira mit ihrem Kamerateam zu Hause besucht wurden, um ein möglichst authentisches Bild der Person zu vermitteln. Es gab den Busfahrer aus dem Waldviertel, eine Bauchtänzerin aus dem Traunviertel, den ehemaligen Profiboxer Ken. Die Zuseher konnten via ORF mit den Kandidaten in Kontakt treten, und das taten sie auch. So gut wie alle Kandidaten erhielten Zuschriften.

Wieder waren es die Menschen, die Spira interessierten. Seriös, mit wohlwollender Distanz und großem Einfühlungsvermögen zeigte sie Menschen, die teilweise nach Jahren wieder einen Schritt nach außen wagten und Gefühle zuließen.

Im Schnitt sahen knapp eine Million Zuseher ihre Sendung, in den 23 bisher ausgestrahlten Staffeln wurden mehr als 1000 liebeswillige Menschen vorgestellt. Mehr als 250 davon fanden laut ORF ihr Liebesglück und mehr als 40 Paare gaben sich das Jawort, darunter auch drei gleichgeschlechtliche Paare. Die ÖsterreicherInnen liebten Toni Spira. Und Toni Spira liebte sie.

Für ihre Arbeiten wurde Spira – laut Selbstdefinition „klein, rundlich, goschert (Wienerisch für „vorlaut, große Klappe") und seeehr sentimental" – mit zahlreichen Preisen ausgezeichnet, darunter dem Österreichischen Staatspreis, der Goldenen Romy und dem Johann-Nestroy-Ring. Privat war sie mehr als 37 Jahre mit dem ehemaligen Burgschauspieler Hermann Schmid verheiratet, aber geheiratet hätten sie nur, weil es für die Adoption ihrer Tochter notwendig gewesen wäre. Sie, die Städte und ihre Kaffeehäuser liebte, hatte auch ihren „Traummann" in einem Kaffeehaus kennengelernt – „Wo sonst?".

ELFRIEDE JELINEK

(*1946)

WORTGENIE UND GESELLSCHAFTS-KRITIKERIN

Kaum eine österreichische Schriftstellerin löste derart heftige Kontroversen aus wie dieses feinsinnige Wortgenie. Doch der Literaturnobelpreis bestätigte die gnadenlose Gesellschaftskritikerin in ihrem radikalen Schaffen.

Ein Name, der nur wenige kalt lässt. Eine Frau, die als „Nestbeschmutzerin" beschimpft und verunglimpft wurde. Eine Schriftstellerin, über deren Werke sich nicht nur die Literaturkritiker der Nation heftige Diskussionen lieferten. Doch Nobelpreisträgerin Elfriede Jelinek stand stets auf der Seite der Opfer. Radikal.

Geboren wurde Jelinek 1946 in der Steiermark als Tochter eines Chemikers und der Personalchefin eines Großunternehmens. Ihre Kindheit in einem katholischen Kindergarten und in einer Klosterschule in Wien verarbeitete sie später immer wieder literarisch, ebenso wie die Erfahrungen des Vaters, der trotz seiner jüdisch-tschechischen

Abstammung von den Nazis wegen seines „kriegswichtigen Berufs“ verschont wurde und in einem Rüstungsbetrieb arbeiten musste. Er erkrankte in den 1950er-Jahren psychisch und starb 1969 in einer psychiatrischen Klinik.

Schon in der Schulzeit erhielt Elfriede Jelinek Unterricht in Klavier, Orgel, Gitarre, Flöte und Geige, mit 13 Jahren wurde sie am Konservatorium in Wien aufgenommen und schloss 1971 mit der Orgelprüfung ab. Nach der Matura begann sie, in Wien Kunstgeschichte und Theaterwissenschaft zu studieren, doch ein psychischer Zusammenbruch 1967 zwang sie, das Studium abzubrechen. Sie lebte ein Jahr zu Hause in völliger Isolation und begann in dieser Zeit mit dem Schreiben. Erste Gedichte erschienen in Zeitschriften und kleinen Verlagen, ihr erster Gedichtband, „Lisas Schatten“, kam 1967 noch während des Studiums heraus. Ihr erster Roman, „bukolit“, den sie 1968 fertigstellte, blieb allerdings bis 1979 unveröffentlicht. Stattdessen erschien 1970 „wir sind lockvögel, baby“ als erster deutschsprachiger Poproman, eine „sprachliche Widerstandshandlung gegen die Unterhaltungskultur“ (austria-forum.org). Das Anschreiben gegen Klischees blieb ein wichtiger Teil ihres Schaffens.

In den 1960er-Jahren experimentierte Jelinek mit einem Sprachstil, der sie in die Nähe der Wiener Gruppe rückte. Eine Zeitlang schrieb sie durchgehend klein, ging aber bald wieder davon ab. Für ihre Bücher verwendete sie Elemente aus der Sprache von Comics, Medien und Werbung, verfremdete diese und spitzte die Formulierungen teilweise bis ins Groteske zu. 1974 heiratete sie Gottfried Hüngsberg, der damals Filmmusik für Rainer Werner Faßbinder schrieb, heute jedoch als Informatiker tätig ist. Seitdem lebt die Autorin abwechselnd in Wien und München.

Thematisch lässt sich ihr Schaffen bislang in drei große Kreise einteilen: In ihren ersten Arbeiten kritisierte sie den Kapitalismus und die Konsumgesellschaft – in dieser Zeit trat sie der Kommunistischen Partei bei (1974), verließ sie aber 1991 wieder.

In den 1980er-Jahren begann sie, sich den Geschlechterverhältnissen zuzuwenden. In dieser Phase der heftigen Kritik an der patriarchalen Gesellschaft entstanden unter anderem die Romane „Die Klavierspielerin“ (1988) und „Lust“ (1989) sowie das Drama „Was geschah, nachdem Nora ihren Mann verlassen hatte“ (1979). Obwohl Jelinek in diesen Werken ihre Protagonistinnen in teils tödliche Fallen verstrickt zeigt, entsteht bei den LeserInnen dennoch wenig Mitgefühl, da die Autorin ihre Heldinnen kaum je positiv darstellt. Genau das dürfte auch der Grund dafür sein, warum ihre Romane derartiges Aufsehen erregten.

Seit Ende der 1980er-Jahre widmete sich Jelinek der faschistischen Vergangenheit und antisemitischen Gegenwart Österreichs und Deutschlands. Die Uraufführung des

Elfriede Jelinek, kurz vor der Verleihung des Georg-Büchner-Preises 1998

Dramas „Burgtheater“, das sich mit der mangelhaften Bewältigung der Naziverganenheit in Österreich auseinandersetzte, trat eine Welle der Empörung gegen das „anti-österreichische Machwerk“ los. Jelinek hatte die Rolle von Paula und Attila Hörbiger in der Nazizeit thematisiert und damit die Lieblinge der österreichischen Theater- und Filmlandschaft angegriffen. Für Skandale sorgten die Uraufführungen ihrer Pornosatire „Raststätte“ und „Ein Sportstück“. Nach persönlichen Angriffen gegen die Autorin auf Wahlplakaten der FPÖ erließ Jelinek ein Aufführungsverbot für ihre Stücke in Österreich und zog sich nach Deutschland zurück. 1997 kehrte sie ans Burgtheater zurück, wiederholte das Aufführungsverbot aber im Jahr 2000 anlässlich des Amtsantritts der schwarz-blauen Regierung. Es blieb drei Jahre in Kraft.

Die Verleihung des Literaturnobelpreises im Jahr 2004 überraschte das literarische Establishment, da man mit einem der etablierteren Männer gerechnet hatte. Doch das Komitee lobte ihre Tätigkeit als unerschrockene Gesellschaftskritikerin und begründete seine Entscheidung mit dem „musikalischen Fluss von Stimmen und Gegenstimmen“, die „mit einzigartiger sprachlicher Leidenschaft die Absurdität und zwingende Macht der sozialen Klischees enthüllen“ würden.

Elfriede Jelinek war erst die zehnte Frau, die den Literaturnobelpreis bekam. Freuen konnte sich die sehr zurückgezogen lebende und öffentlichkeitsscheue Schriftstellerin nach eigenen Angaben darüber aber erst, als nach dem ganzen öffentlichen Rummel wieder Ruhe eingekehrt war.

Sie selbst ist nicht ruhig geworden. An dem Abend, als Donald Trump zum Präsidenten der USA gewählt wurde, begann sie das Stück „Am Königsweg“ zu schreiben. Eine erste Fassung war noch vor seinem Amtsantritt abgeschlossen.

CHRISTINA STÜRMER

(*1982)

POPKARRIERE MADE IN AUSTRIA

Die Pop-Rock-Sängerin aus Oberösterreich gilt als erfolgreichste Vertreterin des Austropop. 2003 erstürmte Christina Stürmer die Charts und hat mittlerweile insgesamt mehr als 1,3 Mio. Tonträger verkauft.

Sie schlug 2002 ein wie eine Bombe: die ORF-Castingshow „Starmania". Durchschnittlich 833 000 TV-Zuseher verfolgten gespannt, wie zwölf Finalistinnen und Finalisten um den begehrten Gewinn sangen: Plattenaufnahmen mit Starproduzent Peter Wolf in Los Angeles. Christina Stürmer, die mit ihren Coverversionen von „I'm Outta Love" oder „Hot Stuff" sämtliche Vorrunden klar für sich entschieden hatte, wählte im Finale den deutschsprachigen Song „Ein Kompliment" der damals noch weitgehend unbekannten deutschen Indie-Rockgruppe „Sportfreunde Stiller". Damit schaffte sie es am Schluss nur auf Platz zwei. Doch sie blieb der deutschen Sprache beim Singen von nun an treu und machte damit eine unvergleichliche Rock-/ Popstar-Karriere made in Austria.

Musikmanager und Falco-Entdecker Markus Spiegel meinte in einem Interview mit dem profil, Christina Stürmer wäre nicht das größte Talent der ersten Starmania-Staffel gewesen, aber als „Kumpeltyp" habe sie den Nerv der Zeit und des Marktes getroffen. „Von den 7000 Starmaniacs, die wir insgesamt gecastet haben, kann heute eine einzige von der Musik leben. Das sagt doch alles."

Geboren wurde „Christl" Stürmer in Oberösterreich, wo sie mit zwei Geschwistern aufwuchs. Das Gymnasium brach sie ab, um eine Buchhändlerlehre zu machen, die sie erfolgreich abschloss. Bereits mit 13 Jahren spielte sie Saxophon, etwas später Querflöte. Mit 16 Jahren gründete sie ihre erste Band, Scotty, und erprobte ihre Stimme als A-cappella-Sängerin. Durch Starmania eröffnete sich für sie endlich die Welt der Rock- und Popmusik.

Rückblickend meinte das Energiebündel, dass der zweite Platz für sie ein großer Vorteil gewesen sei: Während der erstplatzierte Michael Tschuggnall nach Starmania unter großem Erfolgsdruck gestanden hätte, konnte sie in Ruhe ihre erste Platte aufnehmen. Ihr erster veröffentlichter Song „Ich lebe" hielt sich 2003 neun Wochen auf Platz 1 der österreichischen Charts. Kurz danach erschien das ebenso berührende wie erfolgreiche Lied „Mama Ana Ahabak", das unter dem Eindruck des Irakkrieges entstand und den Krieg aus der Sicht eines Kindes beschreibt. Auch ihr erstes Album „Freier Fall" rangierte einige Wochen lang an der Spitze der Albumcharts.

Christina Stürmer bei einem Konzert, 2019

Nach zwei erfolgreichen Tourneen durch Österreich wagte Christina Stürmer den Sprung über die Grenze und stürmte mit einer überarbeiteten Version von „Ich lebe" 2005 auf Platz vier der deutschen Charts – und in dieser „Tonart" ging es weiter. Vier von fünf Studioalben stiegen in Österreich auf Platz eins ein, „Lebe lauter" hielt sich 2006 auch in Deutschland wochenlang an der Spitze. „Ich hör auf mein Herz" und „Überall zu Hause" sind nicht nur Titel ihrer Alben, sondern auch Botschaft und Lebensmotto. Stürmer möchte Menschen inspirieren, ermutigen und unterstützen und bekennt sich auch außerhalb der Musik zu sozialen Themen: Sie unterstützt die Ronald McDonald Kinderkrebshilfe, ist Botschafterin eines deutschen Kinderhospizes und engagierte sich wiederholt im Rahmen der ORF-Aktion Licht ins Dunkel. 2010 spielte Christina Stürmer eine Popversion der österreichischen Bundeshymne ein, in der sie den Text geschlechtergerecht zu „Töchter und Söhne" änderte. Die prompt von den Erben der Textdichterin Paula Preradovićs eingebrachte Klage wurde vom Obersten Gerichtshof jedoch abgewiesen – und seit 2012 umfasst die Bundeshymne auch offiziell Töchter und Söhne.

Christina Stürmer ist bekannt für ihre Natürlichkeit, Herzlichkeit und Bodenständigkeit. Starallüren und Geziertheit liegen ihr fern, mit ihrem offenen Lächeln wirkt sie wie das nette Mädel von nebenan, das es auch faustdick hinter den Ohren haben kann. Zum Beispiel ließ sie sich mit 16 (mit gefälschter Unterschrift) ihr chinesisches Sternzeichen „Hund“ tätowieren – dumm nur, dass ihr ein Fan Jahre später offenbarte, dass da gar nicht „Hund“ auf ihrem Oberarm stand, sondern „Wolf“. Kurzerhand beschloss sie, die jugendliche Torheit unter einem neuen Tattoo verschwinden zu lassen. Heute ziert ihren Oberarm ein rotes Herz, umkränzt von Mikrofon, Kopfhörer und Spruchband: „Wenn du dich selber suchst, hör auf dein Herz.“ Im Lauf der Popkarriere verschwanden übrigens auch die Piercings aus ihrem Gesicht.

Christina Stürmer beim Amadeus Austrian Music Award 2009

Ihre Liedtexte drehen sich um Themen wie Liebe, Trennung, Gewalt, Frieden und Tod. Musikalisch hat sie sich nun auf einen am Rock orientierten Pop eingependelt und gilt – obwohl sie ihre Texte bundesdeutsch eingefärbt präsentiert – als erfolgreichste Vertreterin des Austropop. Bislang stehen in Österreich 18, in Deutschland zwei Platin-Alben auf ihrem Konto; sie ist mehrfache Preisträgerin des Amadeus Music Awards als beste Künstlerin Pop/Rock und Künstlerin des Jahres und erhielt in Deutschland die Goldene Stimmgabel sowie den deutschen Echo Pop 2006 und 2014.

Heute lebt Christina Stürmer mit ihrer Tochter in einem kleinen Dorf im niederösterreichischen Weinviertel und denkt noch lange nicht daran, das Mikrofon an den Nagel zu hängen.

BEGNADETE MUSIKERINNEN

Alma Mahler-Werfel (1879–1964)
Ihrem ureigensten künstlerischen Interesse musste die als Alma Schindler geborene Muse nach ihrer Heirat mit Gustav Mahler entsagen, denn er duldete nur einen Komponisten im Haus: sich selbst. Die meisten ihrer Werke sind heute verschollen. Berühmt war sie nicht nur für ihren Salon, wo sich KünstlerInnen, LiteratInnen und Theaterleute ein Stelldichein gaben, sondern auch für ihre Liaisonen bzw. Ehen mit dem Maler Oskar Kokoschka, dem Architekten Walter Gropius und dem Schriftsteller Franz Werfel. Ihre eigenen künstlerischen Ambitionen nahm sie nicht mehr auf.

Alma Rosé (1906–1944)
Die Violinistin Alma Rosé gründete 1933 ein Frauenorchester, Die Wiener Walzermädeln, mit dem sie im In- und Ausland auftrat. 1942 wurde sie nach Auschwitz-Birkenau deportiert, wo sie mit großer Strenge ein Frauenorchester dirigierte, denn sie wusste: „Wenn wir nicht gut spielen, geht's ab ins Gas!" Sie starb im Lager.

Anna Lelkes (*1939)
Nach heftigen Protesten und internationalen Boykottdrohungen nahmen die Wiener Philharmoniker erstmals seit ihrer Gründung 1842 am 27. Februar 1997 eine Frau, die ungarische Harfenistin Anna Lelkes, als ordentliches Mitglied auf. 2017 zählte das Orchester 121 Männer und elf Frauen, das entspricht einem Anteil von 8,3 Prozent. Zum Vergleich: Die New Yorker Philharmonie hat einen Frauenanteil von 40 Prozent.

Marianne Mendt (*1945)
Geboren als Marianne Krupicka, gilt Marianne Mendt als „Mutter des Austropop", obwohl sie im klassischen Fach mit Klavier und Gesang begonnen hat. Legendär ist ihr Lied „Wia a Glock'n", das 1970 den Wiener Dialekt musikalisch salonfähig machte. Viele ÖsterreicherInnen kennen Mendt auch als Trafikantin „Gitti Schimek" aus der TV-Serie „Kaisermühlen Blues".

Angelika Kirchschlager (*1965)
Die Sängerin zählt aktuell zu den führenden Mezzosopranistinnen der Welt, dabei hat sie ihre Ausbildung am Schlagwerk begonnen. Nach der Grazer Oper wechselte sie an die Wiener Staatsoper, kurz danach debütierte sie an der New Yorker Met, der Opéra de Paris und im königlichen Opernhaus Covent Garden. Heute gibt es kaum ein wichtiges Opernhaus, in dem die mittlerweile zur Kammersängerin geadelte Kirchschlager nicht gastiert, kaum ein Orchester oder Dirigent von Rang, mit dem sie nicht zusammengearbeitet hätte.

DIE SPORTLICHEN

Starke
FRAUEN
AUS ÖSTERREICH

ANNEMARIE MOSER-PRÖLL

(*1953)

AUSNAHME-SKIRENNLÄUFERIN

Annemarie Moser-Pröll war die überragende Skirennläuferin der 1970er-Jahre und wurde 1999 zu Österreichs Sportlerin des Jahrhunderts gewählt.

Sie ist eine Legende des österreichischen Skisports: Annemarie Moser, geboren als Annemarie Pröll in Kleinarl, Salzburg. Den Doppelnamen hörte sie nie gern, der sei „eine Erfindung der Medien". Er ist ihr geblieben, weil sie als Annemarie Pröll berühmt geworden ist. Anscheinend waren Fans und Medien nicht bereit, ihrem Ehemann die ganze Annemarie zu überlassen.

Das sechste von acht Kindern wuchs auf einem Bergbauernhof auf und stand schon im zarten Alter von vier Jahren auf Skiern. Ihr Jugendort blieb auch in der Zeit ihrer größten Erfolge ihr Kraftplatz, zu dem sie immer wieder zurückkehrte. Bereits mit zwölf Jahren gewann Annemarie Pröll die Bezirksmeisterschaften und wurde prompt in den Landeskader aufgenommen. Mit 14 Jahren nahm sie erstmals an einem Weltcuprennen teil und sie war noch keine 17 Jahre alt, als sie ihren ersten Weltcupsieg feierte: Am 17. Jänner 1970 gewann sie den Riesenslalom in Maribor.

Bei der Ski-WM in Gröden im selben Jahr wurde das jüngste Mannschaftsmitglied gleich in allen Disziplinen eingesetzt: Abfahrt, Riesenslalom, Slalom und Kombination. In der Abfahrt, die ihre Paradedisziplin werden sollte, holte sie die Bronzemedaille. Gleich die nächste Saison 1970/71 brachte Moser-Pröll den Durchbruch: Mit sieben Siegen holte sie sich zum ersten Mal den Gesamtweltcup. Auch in der folgenden Saison setzte sie ihre Siegesserie fort, doch bei den Olympischen Spielen 1972 konnte sie die hohen Erwartungen ihrer Fans und des ÖSV nicht erfüllen: In Abfahrt und Riesenslalom holte sie „nur" Silber hinter ihrer großen Konkurrentin Marie-Theres Nadig.

Weil sie in der Saison 1972/73 alle acht Abfahrten für sich entschied und auch die ersten drei Abfahrten der nächsten Saison gewann, hält sie mit elf in Serie gewonnenen Rennen in derselben Disziplin den bis heute (2019) ungeschlagenen Rekord. 1973 wurde sie zum ersten – von insgesamt sieben – Mal zur Sportlerin des Jahres gewählt. Und in diesem Jahr heiratete sie auch den Atomic-Angestellten Herbert Moser heimlich am Standesamt.

Die erfolgreichste aller Saisonen war 1974/75: insgesamt zehn Siege und die fünfte große Kristallkugel in Folge.

Von manchen Seiten wurde der großen Skirennläuferin eine gewisse Kratzbürstigkeit vorgeworfen, was „La Pröll“, wie sie damals vor allem in Frankreich genannt wurde, heute mit einer gewissen Überforderung erklärt. Sie wäre von einem Bergbauernhof gekommen und mit dem Jubel von Zehntausenden Menschen nicht gut zurechtgekommen. Wie überragend ihr Können als Skirennläuferin war, lässt ein Ausspruch ihrer großen Rivalin Nadig erahnen: „Die Pröll trinkt und raucht, andere Skimädchen leben abstinent und haben trotzdem nicht den Funken einer Chance gegen sie.“

Annemarie Moser-Pröll (M.) mit Hanni Wenzel (l.) und Marie Theres-Nadig (r.) bei den Olympischen Winterspielen in Lake Placid 1980

Im Herbst 1975 gab Moser überraschend ihren Rücktritt bekannt, um ihren an Krebs erkrankten Vater zu pflegen. Deshalb nahm sie auch nicht an den Olympischen Winterspielen in Innsbruck 1976 teil. Nach dem Tod ihres Vaters kehrte Moser in den Skisport zurück und gewann gleich das zweite Rennen, die Abfahrt in Cortina d’Ampezzo. In einer sensationellen Aufholjagd, die bis zum allerletzten Rennen andauerte, gelang es ihr 1978/79, noch einmal den Gesamtweltcup vor der Liechtensteinerin Hanni Wenzel zu gewinnen. Ganz Österreich jubelte mit ihr. Bei den Olympischen Winterspielen in Lake Placid 1980 füllte sie dann auch noch die letzte Lücke auf dem Medaillenbrett: Sie holte Gold in der Abfahrt. Ihren Rekord von insgesamt 62 Siegen im Skiweltcup übertraf erst die Amerikanerin Lindsey Vonn 35 Jahre später (2015).

Nach dem Rücktritt vom aktiven Skirennsport führte Moser gemeinsam mit ihrem Mann das „Café Annemarie“, das sie bereits 1976 in ihrem Heimatort Kleinarl eröffnet hatte, und widmete sich privat ihrer Leidenschaft für die Jagd. 1979 wurde der Ausnahmeskirennläuferin das Große Ehrenzeichen für Verdienste um die Republik verliehen, 1999 wurde sie zu Österreichs Sportlerin des Jahrhunderts und zur Weltwintersportlerin des 20. Jahrhunderts gewählt.

ILSE DIPPMANN

(*1957)

LÄUFERIN UND INSPIRATION FÜR TAUSENDE FRAUEN

Die Gründerin des ASICS Österreichischen Frauenlaufs, Ilse Dippmann, bringt seit 1988 Frauen in Bewegung: Seit Jahren laufen mehr als 30 000 Teilnehmerinnen für Rose und Medaille.

Ilse Dippmann bewegt Frauen und Mädchen aller Altersstufen

Blond und zart, nicht besonders groß, nicht besonders auffällig – aber eine Frau mit einer ganz besonderen Energie: Das ist Ilse Dippmann. Mit 28 Jahren war sie eine „völlig unsportliche" (Selbstbezeichnung) Lehrerin aus einem kleinen Dorf in Niederösterreich, die ihren Freund zum Wien Marathon begleitete – dieser Tag im Jahr 1986 sollte ihr Leben verändern. Sie war begeistert von der Energie und der Ausdauer der Läuferinnen und Läufer – und begann daraufhin selbst mit dem Laufen. Völlig ahnungslos und unbedarft steckte sie sich ein Ziel, für das die meisten LäuferInnen ein ganzes Jahr lang trainieren: die Teilnahme an einem Marathon noch im selben Jahr – weil sie sich nicht vorstellen konnte, länger zu trainieren, und sie schon immer mal nach New York wollte. Und tatsächlich: Noch im selben Jahr lief sie den New York City Marathon in der beachtenswerten Zeit von 3 Stunden, 41 Minuten und 19 Sekunden.

Was Dippmann in New York sofort auffiel, waren die vielen Läuferinnen, die im Central Park trainierten – ganz anders als im Wiener Prater, wo sich fast ausschließlich laufende Männer tummelten. Und sie erfuhr, dass es auch einen Lauf nur für Frauen gab. Da wusste sie sofort: So etwas muss es bei uns auch geben! Frauenlaufsport war im Jahr 1988 alles andere als selbstverständlich. Noch im Jahr 1967 hatte Kathrine Switzer als erste Frau an einem Marathon teilgenommen – verdeckt, wohlgemerkt – , und als man sie entdeckte, versuchten die Veranstalter, sie gewaltsam aus dem Rennen zu werfen. Die Fotos davon gingen damals um die Welt. Erst 1984 wurde der Marathon für Frauen zur olympischen Disziplin.

In Österreich fand dank Ilse Dippmann und eines Teams aus engagierten Frauen und Männern am 12. Juni 1988 der erste „women only"-Lauf statt: 440 Pionierinnen des Frauenlaufsports gingen im Schlosspark von Laxenburg an den Start des ersten österreichischen Frauenlaufs. Sechs Jahre später traten erstmals mehr als 500 Läuferinnen an, 1997 mehr als 1000, im Jahr 2000 mehr als 5000. Und das Wachstum machte erst an der organisatorischen Schmerzgrenze Halt: Seit einigen Jahren sind nie weniger als 30 000 Frauen zum ASICS Österreichischen Frauenlauf angemeldet. 33 139 waren es im Jahr 2015. Im Jahr 2016 war die jüngste Teilnehmerin sechs Jahre alt, die älteste 86. Seit 1992 wird der Frauenlauf (mit einer kurzen Unterbrechung) unter den Kastanienbäumen im Wiener Prater ausgetragen. Heute zählt der ASICS Österreichische Frauenlauf zu den Top-3-Frauenläufen der Welt.

Doch er ist mehr als nur „irgendeine Laufveranstaltung". Wer jemals mit Tausenden gleichgesinnten Frauen im Startblock gestanden hat, kennt das Gefühl: Gänsehaut, Herzklopfen, Kribbeln im Bauch, ein unbändiger Vorwärtsdrang und die tiefe Überzeugung, alle Grenzen überwinden zu können. Dieses Gefühl ist Ilse Dippmanns großes Verdienst: Der Frauenlauf bringt Frauen nicht nur in Bewegung, er motiviert sie, sich selbst etwas zuzutrauen, und stärkt ihr Selbstwertgefühl – heute würde man das mit dem Begriff „Empowerment" umschreiben. Dippmann erkannte die Inspiration und die Kraft, mit der das Laufen das Leben von Frauen zum Guten verändern kann – zusätzlich zu all den positiven Auswirkungen auf die gesamte Gesundheit. Hier erfahren viele Frauen zum ersten Mal, dass sie Ziele, die sie sich selbst gesetzt haben, auch erreichen können, und übertragen diese Erfahrung aus dem sportlichen Bereich dann auch in das private oder berufliche Umfeld. Das ist bis heute der Kern von Dippmanns Engagement, und sie selbst schöpft die dazu nötige Kraft unter anderem ebenfalls aus dem Laufen.
Um Frauen auf ihrem Weg zu unterstützen, wurden 2005 die Frauenlauftrainings ins Leben gerufen, bei denen sich Frauen in ganz Österreich einmal pro Woche treffen, um unter der Anleitung einer Lauftrainerin mit dem Laufen zu beginnen oder ihre Leistung zu steigern. Auch Ilse Dippmann leitet seit mehr als 20 Jahren einen solchen Lauftreff, und bei den zweimal im Jahr stattfindenden Laufwochenenden für Frauen ist sie ebenfalls persönlich dabei – vielleicht ist das eines der Geheimnisse ihres Erfolges: Nie den Kontakt zum Alltag und zu den Bedürfnissen der „ganz normalen" Läuferinnen zu verlieren, damit diese dann eines Tages über sich selbst hinauswachsen können.

Heute ist der Frauenlauf, bei dem jede Finisherin mit einer Rose und einer Medaille nach Hause geht, aus dem Wiener Sportveranstaltungskalender nicht mehr wegzudenken. Neben den Bewerben über 5 und 10 Kilometer gibt es einen Kinderlauf, einen Frauen Fun Run und seit 2004 den Frauenlauf-Award: Damit werden „mutige Frauen, die für ihre Ideale kämpfen", ausgezeichnet. Erste Preisträgerin war Topmodel und Menschenrechtsaktivistin Waris Dirie.

Als Veranstalterin kann Ilse Dippmann selbst natürlich nicht am Frauenlauf teilnehmen, doch sie sagt, dass die gute Stimmung insbesondere in den letzten zwei Wochen vor dem Lauf „überschwappt" und sie und ihr Team viel Energie von den Teilnehmerinnen zurückbekommen. Seit 2005, als das Teilnehmerinnenfeld die magische Grenze von 10 000 überschritt, ist Dippmann hauptberuflich für den Frauenlauf tätig – obwohl sie damals gleichzeitig das Angebot erhalten hatte, Direktorin zu werden. Auch eine Tumorerkrankung im 20. Jubiläumsjahr warf die konsequente Organisatorin nicht aus dem Rennen, im Gegenteil: Für ihren unermüdlichen Einsatz erhielt sie 2007 das Goldene Verdienstzeichen der Republik Österreich. Nach mehr als 30 erfolgreich absolvierten Marathons läuft sie selbst noch drei- bis viermal die Woche, am liebsten morgens.

Ilse Dippman und ihr Team organisieren Lauftrainings zur Vorbereitung auf den Frauenlauf

ILSE DIPPMANN

GERLINDE KALTENBRUNNER

(*1970)

BESTEIGERIN DER HÖCHSTEN BERGE

Die Oberösterreicherin hat alle 14 Achttausender bestiegen – als dritte Frau der Welt und als erste ohne zusätzlichen Sauerstoff. Diese enorme Leistung ist vor Gerlinde Kaltenbrunner nur zehn Menschen gelungen.

Bereit für den Aufstieg: Gerlinde Kaltenbrunner

Auf dem Gipfel des Mount Everest, des höchsten Berges der Welt, standen bis heute rund 4100 Menschen, davon rund 380 Frauen und nur 193 ohne zusätzlichen Sauerstoff (Stand November 2015). Gerlinde Kaltenbrunner ist eine davon. Aber nicht irgendeine. In ihrer Heimat Spital am Pyhrn entwickelte die junge Gerlinde schon früh ihre Liebe zu den Bergen: Der Pfarrer des Ortes hatte bei der Sonntagspredigt oft bereits die Bergschuhe an und nahm die pflichtbewusste und unerschrockene Ministrantin gleich anschließend mit in die heimische Bergwelt. Bereits während ihrer Zeit in der Skihauptschule Windischgarsten unternahm sie ihre ersten Klettertouren – und bald ließ sie die Leidenschaft für das Bergsteigen nicht mehr los.

Zunächst absolvierte Gerlinde Kaltenbrunner aber eine Ausbildung zur Krankenschwester. Oft radelte sie in zwei Stunden 700 Höhenmeter über einen Pass zur Arbeit, um sich nebenbei fit zu halten. Jeden verdienten Schilling investierte sie in ihre Liebe zum Berg – und wurde bald mit der Erfüllung eines Traums belohnt: Mit 23 Jahren stand sie zum ersten Mal auf einem 8000er-Gipfel, dem Vorgipfel des Broad Peak mit 8027 Metern. Weitere Expeditionen ins Himalaya-Gebirge und ins Karakorum folgten, doch erst ab ihrem fünften Achttausender, dem Nanga Parbat, widmete sie sich voll und ganz dem Bergsteigen: Sie hatte am Kangchendzönga ihren späteren Ehemann, den Deutschen Ralf Dujmovits kennengelernt. Die beiden unternahmen von nun an viele ihrer 8000er-Expeditionen gemeinsam.

Die Besteigung eines Achttausenders erfordert monatelange körperliche und mentale Vorbereitung, es sind finanzielle und verwaltungstechnische Hürden zu überwinden, und dann hat man oft nur ein kleines Zeitfenster, in dem eine Besteigung wettertechnisch möglich ist. Der Bereich ab 7000 Meter Höhe heißt nicht ohne Grund „Todeszone“: Es herrschen Temperaturen bis zu –40 °C, der Wind pfeift einem um die Ohren und man kann kaum atmen, weil die Luft so dünn ist. Doch Gerlinde Kaltenbrunner erlebt die Berge als wunderschön und von magischer Gestalt, sie strahlen für sie Kraft und Macht aus.

Ab dem neunten Achttausender entstand ihr Wunsch, die Gipfel aller 14 Achttausender der Welt zu erreichen. Dabei wurde ihr in den Medien oft ein Wettrennen mit anderen Bergsteigerinnen angedichtet. Doch Kaltenbrunner selbst betonte stets, dass es ihr egal sei, ob sie die erste oder die fünfte Frau wäre. Wenn es ihr darum gegangen wäre, hätte sie sich wohl stets die leichteste Route ausgesucht, um die 14 rasch abzuhaken, doch das tat sie nicht. Sie suchte oft auch technisch anspruchsvolle Routen aus.

Ebenso unrecht taten ihr erfundene Berichte, die der zierlichen Frau unterstellten, sie

Kaltenbrunner „bezwingt“ Berge nicht, sie besteigt sie, das ist im Kopf und in der Einstellung zur Natur ein großer Unterschied

GERLINDE KALTENBRUNNER

würde sich mit dem Helikopter ins Basislager fliegen lassen und nur von Sherpas vorbereitete Spuren benützen. Im echten Leben erwarb sich Kaltenbrunner bei ihren kasachischen Bergkameraden den Spitznamen „Cinderella Caterpillar", weil sie unbeirrt durch hüfthohen Schnee ihre Spur zog, wo die meisten Kerle schon aufgegeben hatten. Dabei ernährt sich die Ausnahmealpinistin vegan, auch auf ihren letzten 8000er-Expeditionen. Sie habe gemerkt, dass sie sich körperlich und geistig fitter fühle.

Weil sich Kaltenbrunner tief mit der Natur verbunden fühlt, unternimmt sie ihre Expeditionen im traditionellen Alpinstil ohne zusätzlich mitgeführten Sauerstoff und ohne Hochträgerunterstützung. Das ist für sie „die ehrlichste Art", einen Berg zu besteigen. Zusätzlicher Sauerstoff käme ihr vor wie Doping. Sie würde lieber umdrehen, als Sauerstoff zu nehmen, wenn sie merke, dass sie einen Gipfel nicht schaffe, meinte sie in einem Interview. Dabei hat sie bereits mehrere Katastrophen und Krisen nur knapp überlebt.

2005 brach sie die Besteigung des Everest auf 7700 Metern ab, weil ihr Bergkamerad, der Japaner Hirotaka Takeuchi, unter schweren Höhenkrankheitssymptomen litt. Sie sagte später, dass es ungleich wichtiger sei, einem Freund das Leben zu retten, als den Everest zu besteigen. 2007 wurde das Biwakzelt, in dem Kaltenbrunner schlief, von einer Lawine erfasst und verschüttet. Doch sie kam an ihr Messer, konnte das Zelt aufschneiden und sich selbst freigraben. Die beiden Spanier, die an der gleichen Stelle biwakiert hatten, konnte sie nur noch tot bergen. 2010 nahm die K2-Besteigung ein furchtbares jähes Ende, als ihr Bergkamerad und Freund, der schwedische Bergsteiger und Extremskifahrer Fredrik Ericsson, neben ihr zu Tode stürzte. Mit ihrem damaligen Ehemann Dujmovits vereinbarte sie eine Richtlinie: Nichts übers Knie brechen und auf das Bauchgefühl hören. Am Lhotse ist sie einmal 100 Meter vor dem Gipfel umgedreht, weil ihr das Risiko zu groß war. Viele Bergsteiger – laut Kaltenbrunner sind es hauptsächlich Männer, die nicht auf ihren Körper und seine Warnsignale hören – bezahlen rücksichtslosen Siegerwillen mit dem Leben.

Endlich ergab sich im Jahr 2011 – bei der vierten Expedition und im siebten Besteigungsversuch – als 14. und letzter Achttausender in der Sammlung auch der K2, der als schwierigster gilt. Noch dazu auf der äußerst anspruchsvollen und daher nur selten begangenen Route über den Nordpfeiler von China aus. Für diese Leistung ehrte die Republik Österreich Kaltenbrunner mit dem Goldenen Ehrenzeichen.

Heute lebt sie am Attersee. Das Bergsteigen kann sich die Oberösterreicherin auch in Zukunft nicht aus ihrem Leben wegdenken, doch müssen es nicht mehr die höchsten Berge sein. Sie hält Vorträge, arbeitet in der Produktentwicklung von Ausrüstern mit und leitet Yoga- und Bergwandertage.

SABRINA GRILLITSCH

(*1983)

EINSATZFREUDIGE VORKÄMPFERIN

Die Tirolerin Sabrina Grillitsch bewies den Elitesoldaten des Österreichischen Bundesheeres, dass es für Frauen keine Grenzen gibt – zumindest keine, die sie akzeptieren würde.

Vom Hubschrauber aus ins Wasser springen, sich aus dem fünften Stock abseilen, mit dem Fallschirm in unwirtlichem Gebiet landen oder 400 Kilometer durch die Eiswüste des Südpols laufen – wer glaubt, das wäre nur etwas für Männer wie Ethan Hunt aus „Mission Impossible", der irrt gewaltig. Denn in Österreich gibt es seit der Jahrtausendwende auch eine Frau, die ihr kämpferisch-sportliches Allroundtalent unter Beweis gestellt hat: Sie heißt Sabrina Grillitsch.

Die temperamentvolle Tirolerin aus Kufstein hatte sich schon früh ein Ziel gesetzt: Sie wollte unbedingt in einem Männerberuf arbeiten, denn: „Die verdienen mehr und arbeiten weniger." Davon, dass es im Jahr 2000 dann gerade der männerbündnischste aller Arbeitgeber – das Österreichische Bundesheer – wurde, war ihre Mutter anfangs alles andere als begeistert. Doch Sabrina Grillitsch ging immer schon ihren eigenen Weg. Und ihre Schwester folgte ihr, denn beide erkannten bald, dass es auch Vorteile hat, wenn der Arbeitgeber keine Unterschiede macht.

Soldatinnen gab es damals erst sehr kurz im Bundesheer (seit 1998) und sie sind bis heute eine Seltenheit: 2018 gab es insgesamt 612 Soldatinnen – bei 16 000 Soldaten (ohne Grundwehrdiener). Nur 64 Frauen sind Offizierinnen, 185 Unteroffizierinnen. Oberstabswachtmeister Sabrina Grillitsch

Sabrina Grillitsch, Gebirgsjägerin

SABRINA GRILLITSCH

Für Sabrina Grillitsch waren Jagdkommando und Südpolmarsch bezwingbare Hürden

ist eine davon. Nach der Grundausbildung ging sie zu den Gebirgsjägern, meldete sich jedoch bald freiwillig für Auslandseinsätze, darunter im Kosovo, in Bosnien-Herzegowina und auf den Golanhöhen, wo sie zum ersten Mal an die Grenzen ihres Geschlechts stieß: Obwohl sie bestens für die Funktion des „Position Commanders" geeignet war, übertrug man ihr die Aufgabe nicht, weil sie dort ja am Berg „eingesperrt" wäre und ständig mit Männern zu tun hätte. Ihr Gegenargument, dass das ja nicht ihr Problem war, sondern das der Männer, zählte nicht.

In Österreich meldete sie sich 2003 als erste Frau zum Jagdkommando – Extreme waren immer schon ihre Leidenschaft. Das „JaKdo" ist jene Spezialeinheit, die zum Beispiel Geiseln im Ausland befreit, Terroristen bekämpft oder Menschen aus Krisengebieten evakuiert. Und auch hier erfuhr Grillitsch eine Sonderbehandlung: Um zur Aufnahmetestung zugelassen zu werden, musste sie – und nur sie – zuvor eine eigene Aufnahmetestung bestehen.

Die mehrstufige, extrem harte Ausbildung umfasst unter anderem amphibisches Training, Fallschirmspringen, Überlebenstraining, Nahkampf, Sanitätskunde und Sprengen. Wer zu den 15 Prozent Anwärtern gehört, die das Aufnahmeverfahren bestehen, darf sich für den eigentlichen Jagdkommando-Kurs bewerben, der damals sechs Monate dauerte. Nur zwölf Glückliche waren es im Jahrgang von Sabrina Grillitsch. Wer die Ausbildung mit Erfolg besteht, erhält das begehrte schlammgrüne (früher weinrote) Barett sowie das Jagdkommando-Abzeichen, auf dem ein Schwert, ein Fallschirm und Schwingen abgebildet sind. Sabrina Grillitsch ist die erste – und bislang einzige – Österreicherin, die dieses Abzeichen tragen darf.

Dass sie die Einzige blieb, führt die heute wieder langhaarige Soldatin auf die generell problematische Situation von Frauen in männerdominierten Einheiten zurück. Diese Probleme müsse man zuerst im Kopf verarbeiten, meint Grillitsch, und dazu kämen noch die physischen Belastungen auf einem Niveau, das nur schwer mit anderem zu vergleichen wäre. Doch die körperlichen Höchstleistungen oder die 4 Millimeter kurzen Haare seien nicht das Schwierigste gewesen, sondern der psychische Druck, den manche Mitanwärter und Ausbilder ausübten. Es gab natürlich auch Kameraden, die mit der Situation „Frau in Eliteeinheit“ gut zurechtkamen, doch für viele Soldaten war es schwer zu akzeptieren, dass eine Frau gleich gut oder gleich schlecht und in manchen Situationen sogar besser war als sie. Das kratzte am männlichen Stolz und „Ego“. Grillitsch meint, sie würde einige Frauen kennen, die die körperlichen Herausforderungen meistern könnten, die sich die Tortur aber aus „psychosozialen Gründen“ nicht antun würden. Als der Elitesoldatin klar wurde, dass auf Jahre hinaus keine weitere Soldatin den JaKdo-Grundkurs absolvieren würde, verließ sie schließlich schweren Herzens die Spezialeinheit.

Dem Bundesheer blieb sie jedoch treu – und lieferte noch ein weiteres Bravourstück ab. Fernsehzuschauer in Österreich und Deutschland kennen die zielstrebige Berufssoldatin vielleicht noch aus dem Jahr 2011, als ein deutsches und ein österreichisches Team, bestehend aus jeweils zwei Prominenten und zwei in einem Auswahlverfahren ausgewählten „Normalsterblichen“, den 400 Kilometer langen „Wettlauf zum Südpol“ bestritten – gedacht als Hommage an den Wettlauf zwischen Amundsen und Scott 1911. Der ehemalige Skirennläufer Hermann Maier und Ö3-Mikromann Tom Walek führten das österreichische Team, zu dem auch Sabrina Grillitsch gehörte – nachdem sie 2500 Mitbewerberinnen ausgestochen hatte: „Ich war einfach besser vorbereitet, bin an alpines Training gewöhnt. Und ich wollte unbedingt die Antarktis sehen.“ Mit 40 Stunden Vorsprung erreichte das Ö-Team den Südpol nach acht eisigen Tagen als erstes vor dem deutschen Team unter der Leitung von Moderator Markus Lanz und Musiker Joey Kelly: abgemagert durch die Strapazen von bis zu 18 Stunden langen Tagesmärschen und der mühsamen Versorgung mit dem Lebensnotwendigsten, aber glücklich über den Sieg. Im Vergleich zu ihren Erfahrungen im Jagdkommando wäre der Gewaltmarsch durch Eis und Schnee aber die geringere Herausforderung gewesen.

Heute versieht sie Innendienst – vorübergehend und ihrer Tochter zuliebe, die 2017 zur Welt gekommen ist. Aber sie habe bereits ihren Sixpack wieder und warte schon gespannt darauf, bis sie auch ihrem Nachwuchs die Abenteuer dieser Welt eröffnen kann.

PIONIERINNEN DES FUSSBALLS

Sie traten nicht nur gegen ihre Gegnerinnen an, sondern auch gegen eine ganze Menge Vorurteile: Die österreichische **Frauen-Fußballnationalelf** erreichte das Semifinale bei der Europameisterschaft 2017. Mit unglaublichem Esprit zeigte sie nicht nur dem eigenen Land, wie man „das Runde ins Eckige" bringt.

Schon die Vorgeschichte grenzte an ein kleines Wunder, denn noch nie hatte man sich für eine EM-Endrunde qualifizieren können. Als das Team im Auftaktspiel ein 1:0 gegen die Schweiz errang, war der Beginn eines Sportmärchens geschrieben. Schon in dieser ersten Begegnung zeigten sich die Lockerheit und der Spaß der Nationaldamen. So kommentierte Torschützin Nina Burger ihren entscheidenden Treffer mit den Worten: „Ich habe hingeschaut, wo die Torfrau steht, und dort nicht hingeschossen." Hatten das erste Spiel nur wenige TV-ZuseherInnen gesehen, so beflügelte Burgers Tor ganz Österreich.

Das sensationelle Unentschieden gegen Frankreich (1:1), das den auf dem Papier weit unterlegenen Österreicherinnen niemand zugetraut hätte, verfolgten schon ein paar Fans mehr, und spätestens nach dem dritten Spiel der Gruppenphase gegen Island, das das A-Team 3:0 für sich entschied, gab es kein Halten mehr: Österreich war zum begeisterten Frauenfußballfan geworden – und hatte elf neue Heldinnen. Plötzlich verfolgte das halbe Land die Spiele, Kommentare und Trainerreaktionen überschlugen sich.

Tatsächlich wurde Frauenfußball erst 1971 vom Österreichischen Fußballverband (ÖFB) anerkannt. Die Nationalmannschaft existiert überhaupt erst seit 1990 und die EM in den Niederlanden 2017 war die erste, an denen eine österreichische Nationalelf teilnahm.

Die Viertelfinalbegegnung mit dem haushohen Favoriten Spanien wurde im Hauptabendprogramm übertragen – und die Frauen-Nationalelf lieferte die nächste Sensation ab: Beim Elfmeterschießen – bei einem Spielstand von 0:0 nach 120 Minuten Spielzeit – krönte sich Torhüterin **Manuela Zinsberger** zur absoluten Heldin des Abends: Sie hielt einen Elfmeter und leistete so den entscheidenden Beitrag zum 5:3-Spielausgang.

Das Sommermärchen ging erst im Halbfinale gegen Dänemark zu Ende, auch dieses Mal erst im Elfmeterschießen, das die Däninnen 3:0 für sich entschieden. Als verlierende Mannschaft, aber erhobenen Hauptes und in dem Wissen, mehr als das Menschenmögliche gegeben zu haben, gingen die Österreicherinnen vom Platz.

Und wer waren diese Frauen? Torjägerin **Nina Burger** schaffte es auf Platz 12 der EM-Torschützinnenliste. **Viktoria Schnaderbeck** gab eine absolut würdige Mannschaftskapitänin. **Sarah Zadrazil** erwies sich als verlässliche Lieferantin für erfolgreiche Torvorlagen und erzielte selbst eines. Dazu kamen starke Mittelfeldspielerinnen wie **Sarah Puntigam** und **Nadine Prohaska** sowie Stürmerinnen wie **Laura Feiersinger** und **Lisa Makas**.